岭南文化读本

陈建文　主编

李权时
李　昊　编著

岭南文化概述

LINGNAN
WENHUA GAISHU

SPM
南方传媒

广东人民出版社
·广州·

图书在版编目（CIP）数据

岭南文化概述 / 李权时，李昊编著 . —广州：广东人民出版社，2023.6
（2025.6重印）

ISBN 978-7-218-15760-3

Ⅰ . ①岭… Ⅱ . ①李… ②李… Ⅲ . ①地方文化—广东 Ⅳ . ①G127.65

中国版本图书馆CIP数据核字（2022）第069615号

LINGNAN WENHUA GAISHU

岭 南 文 化 概 述

李权时 李 昊 编著

出 版 人：肖风华

策划编辑：夏素玲
责任编辑：易建鹏
装帧设计： 琥珀视觉
责任技编：吴彦斌 周星奎

出版发行：广东人民出版社
地 址：广州市越秀区大沙头四马路10号（邮政编码：510199）
电 话：（020）85716809（总编室）
传 真：（020）83289585
网 址：http://www.gdpph.com
印 刷：广州市人杰彩印厂
开 本：787毫米×1092毫米 1/16
印 张：12.5 字 数：175千
版 次：2023年6月第1版
印 次：2025年6月第2次印刷
定 价：65.00元

如发现印装质量问题，影响阅读，请与出版社（020-85716849）联系调换。
售书热线：020-87716172

岭南文化读本

主　编　陈建文

副主编　崔朝阳　王桂科

前　言

　　岭南文化是中华民族优秀文化的重要组成部分，是富有岭南特色的一种地域文化。它与荆楚文化、吴越文化、巴蜀文化、秦晋文化、齐鲁文化等地域文化一起，构成了中华民族文化的大家庭，展示了中华民族文化多姿多彩的风貌。

　　古代岭南开发较晚，长期处于落后状态，被视为"蛮夷之地""瘴疬之乡"。先秦时期，我国中原地区逐渐由奴隶社会进入封建社会，经济社会有了很大发展，掀起了我国第一次人文主义高潮。而岭南，还没有真正迈入文明时代。岭南人迟到了。

　　但是，岭南人在落后面前并没有停步，而是急起直追，勇往直前。秦汉以来，特别是汉代，岭南成为我国海上丝绸之路起点，经济社会得到了很大的发展，岭南的落后面貌也迅速得到改变。岭南人追赶上来了。

　　明代中叶后，岭南是我国最早萌发资本主义生产因素的地区之一，随着新的生产因素的出现和经济社会的发展，岭南率先由农业社会向工业社会转型，中国的经济中心也由北方向南方转移。随着经济中心的转移，文化的中心也由北方向南方转移。在这一过程中，岭南人逐渐超越了。

　　鸦片战争后，中国逐渐沦为半殖民地半封建社会。中国向何处去的问题，成为中国近代社会的中心问题，救亡图存成为中国人民的根本任务。面对国家和民族的生死存亡，岭南人民与全国人民一起，纷纷起来抗争，进行了伟大斗争。大批岭南贤人志士努力寻找救国救民的真理，出现了大量的新观点、新思想、新理论、新学派。在历史的转折关头，岭南人继续铸造了岭南的辉煌。

进入现代，在中国共产党的领导下，岭南人积极参加新民主主义革命，积极参加社会主义革命和建设，特别是在党的十一届三中全会之后，广东一直是改革开放的排头兵，为实现社会主义现代化，实现中华民族的伟大复兴作出了积极的贡献，岭南人率先走在前面。

纵观岭南的发展历史，岭南一步一步走来，从"迟到的岭南"，到"追赶的岭南""超越的岭南""辉煌的岭南""率先的岭南"，从边缘走向中心，从落后走向先进，从传统走向现代，原因诸多，其中一个重要的原因是岭南文化的强大生命力。特别是在改革开放中，广东之所以取得了巨大成就，有三个因素是其他地区无法比拟的：一是地缘因素，广东比邻港澳，是中国的南大门。二是人员因素，广东华侨华人众多，海外华侨华人广东籍占了80%。三是文化因素，岭南文化具有强大生命力，为改革开放和社会主义现代化建设提供了强大的动力。

岭南文化既古老又年轻。它有光荣的历史、辉煌的现在、灿烂的未来，是中华民族文化大家庭中一个重要的成员，有着重要的地位，发挥重要的作用，作出重大的贡献。我们坚信，在以习近平同志为核心的党中央领导下，岭南文化将更加绚丽多彩、灿烂辉煌。

李权时　2023年3月于广州

目　录

一、岭南文化概貌

岭南文化是中华民族优秀文化的重要组成部分。它历史悠久，内容丰富，别具一格，在中华民族的历史发展中居于重要的地位，发挥很大作用，在国内外都有深远的影响。它是中华文化大家庭中重要的一员，是中华文化百花园中鲜艳的一朵。

（一）"蛮夷"宝地

何谓岭南？"岭南"在历史文献上主要有三种含义：一是地区名。岭南亦称岭表、岭外、岭海等，指中国五岭以南地区，包括广东、香港、澳门、海南和广西大部。二是道名。唐贞观十道、开元十五道之一，治所在广州。三是唐方镇名。开元二十一年（733）置岭南五府经略使，后升为岭南道节度使。本书说的岭南是在第一种含义上使用的。古代岭南开发较晚，比较落后，被称为"蛮荒之地""蛮夷之地"。

岭南位于中国的最南部，北枕南岭，南临南海，西连云贵，东接福建。南岭横亘在粤北和湖南、江西两省之间以及广西的东北部。五岭自东向西为大庾岭、骑田岭、萌渚岭、都庞岭（一说揭阳岭）、越城岭，是岭南地区最主要的山脉。位于粤、湘交界的石坑崆为广东最高峰，海拔1902.3米。岭南境内地形复杂，有山地、丘陵、台地、平原，地势北高南低。岭南海岸线全国最长，广东大陆海岸线长达4114千米，居全国首位，加上海南岛、南海诸岛和广西亦有漫长海岸线，海上交通十分便利。

北回归线横贯广东和广西中部，岭南基本上是热带、亚热带季风气候，夏长冬短，年平均气温19℃—20℃。日照时间长，太阳辐射热量大，受海洋暖风气流调节，气候温暖，雨量充沛，广东多年平均降水量1771毫米，宜于农作物生长。远古岭南原始森林茂密，蚊虫成群，毒蛇猛兽横行，疟疾、皮肤病等成为地方性流行病、多发病，中原人称之为"瘴疠"。岭南水源充足，河流纵横。岭南最大的河流——珠江是我国的第三大河，发源于云南的马雄山，经贵州、广西进入广东，梧州以东

珠江是岭南最大的河流（来源：视觉中国）

起称为西江，与东江、北江既合又分，形成纵横交错的珠江水系，冲积成珠江三角洲平原。珠江流域干流年径流量次于长江居全国第二位。此外广东还有许多条独流入海的河流。粤东的韩江与众多河流一起冲积成韩江三角洲。广西、粤西和海南岛都有密集的河网。岭南河流众多，流量丰富，终年不冻，水力资源优越，航运利用率高，有利于岭南社会经济和文化的发展。

岭南得天独厚的地理位置、自然条件和气候，使岭南的各种资源极为丰富。早在古代，岭南的各种稀世奇珍，诸如珠玑、玛瑙、玳瑁、象齿、犀角、能言鸟、宝石、美玉和名贵香料等就成为岭南人向中原统治者进贡的珍品。岭南农业比较发达，水稻可一年三熟。盛产各种经济作物，以亚热带、热带种属为主，兼有多种温带地区的品种。森林资源丰富，树木兼有热带、亚热带、温带、寒带的品种，珍禽异兽种类众多。水产、矿产等资源也很丰富。

岭南文化生长于这块宝地上，深深打上岭南自然环境的烙印。

　　在古代，相对封闭的地理位置有利于形成和发展具有自己特色的本根文化。在交通不发达的古代，岭南北隔五岭，南阻大海，处于与中原基本隔绝的封闭态势，中原人对岭南人知之甚少，称其为"南蛮"，岭南人也难入中原。这就限制了岭南与中原的沟通，影响了岭南政治、经济、文化的发展；但外来的影响少，又有利于岭南本根文化的形成和发展，特别有利于地域文化、民族文化的积淀，形成地方特色，并易于承袭下来。几千年来，岭南的本根文化能保持自己的特色，并有很强的生命力，不断发展，同这种地理环境和历史传统有很大关系。

　　热带、亚热带的生态环境，使岭南有着与中原华夏族显著不同的文化特征。它既为岭南人提供了丰富的水果、鱼类和兽类等食品、生活资源，同时又给岭南人带来了生活上的种种不便与困难。如此便形成了岭南人特有的文化品格：一方面，勤劳、勇敢、拼搏，敢于冒险作为，勇

珠海的海岸线风光（来源：视觉中国）

于开拓创新。另一方面，又不得不求助于神灵，笃信神鬼，祈求超自然力量的保护。

岛屿多，海岸线长，便于走向世界，率先吸取海外先进文化。岭南是我国通往东南亚、大洋洲、中近东和非洲等地区的最近出海处。自汉代以来，徐闻、合浦（今属广西）就是通往海外的交通要道，在东吴至南朝期间，中国对外贸易的重心逐渐移至广州。明清时期，有"金山珠海，天子南库"之称的广州成为世界有名的商埠，影响深远。海洋给岭南带来巨大的开放优势，使岭南成为我国对外文化交流的通道和桥梁，有力地促进了我国经济社会的发展。

（二）何谓岭南文化

什么是岭南文化？岭南文化是一种地域文化。它是岭南人在社会实践中创造的物质文化、制度文化和精神文化的总和，是中华民族优秀文化的重要组成部分，它和秦晋文化、齐鲁文化、巴蜀文化、吴越文化、荆楚文化等一样，都是中华民族文化中别具特色的地域文化。岭南的一切物质财富和精神财富都是岭南人创造的成果，都属于岭南文化。

不同的地域，形成不同的文化，其文化本质也不同。岭南文化的本质是什么呢？岭南文化是一种原生性、多元性、感性化、非正统的世俗文化。这种文化的本质是由岭南地区的生产方式和生活方式决定的。

岭南文化本质上是一种世俗文化。古代岭南，较早形成了多元一体的经济格局，商品经济较发达。明代中叶，岭南首先萌发了资本主义因素，经济社会率先转型，我国经济重心也由北方向南方转移，岭南成为我国经济社会最发达的地区之一，特别是近代的岭南，尤其是珠江三角洲，城镇众多，交通方便，产业多元，贸易频繁，商业发达，经济繁荣，生活富裕，社会祥和，形成了独具一格的市井社会。这种社会的生产方式和生活方式孕育出的文化是市民文化、世俗文化，其世俗性尤为明显。必须指出，世俗不是低俗、庸俗，它体现了岭南地区由传统农业文明向近现代工业文明转化的鲜明时代性、广泛人民性、普遍实践性和深刻现实性。它同传统的农业文化相比，是一种巨大的历史进步，是岭南农业文明向工业文明过渡的文化写照。

1. 岭南文化的独特性

不同的世俗文化有不同的属性和特质，岭南的世俗文化不是一般的世俗文化，而是充满岭南特色的世俗文化。那么，它有哪些独特的性质呢？

（1）原生性

岭南文化是在岭南这块土地上由岭南人创造的，而不是外来的。它有自己的土壤，有自己的根基，有自己的发展历史，相对独立，自成体系。它尽管受到中原正统文化和海外文化的很大影响，却始终保持自己的"根"，保持"土"味，并从中原文化、外来文化中吸收养分，丰富自己、发展自己。它在接受外来文化影响之前，已独立存在和发展了十多万年，这是岭南文化一直区别于我国其他地域文化的坚实基础。它一

岭南特色建筑镬耳屋（来源：视觉中国）

直保持自己的特色，就是今天，岭南文化还有不少"土"味。否认古代岭南文化是当今岭南文化的源流，并不符合历史事实。

（2）多元性

由于岭南特殊的地理环境、人文环境和历史传统，使岭南文化常与中原文化和外来文化发生碰撞和交汇，从而具有开放性、兼容性、创新性，其结果必然形成多种文化因素并存、各种文化共生共长的局面。岭南文化具有古代越族的遗风、汉文化的传统、外来的西方文化以及华侨文化、港澳文化、特区文化等多种文化。

（3）感性化

岭南文化的认识论基础是感觉经验论，它没有北方文化那么多理论抽象，讲究规范，条分缕析，旁征博引，但它非常重视感觉经验。它重感性，轻理性；重直观，轻思辨；重结果，轻过程。这是岭南文化的一个重要特点。感性化的世俗文化在岭南的政治生活、经济生活和文化生活各个层面都体现出来，人们往往用感官享受和实惠心理来代替科学抽象，因而思辨性、理论性和历史感不够强，深度也不够，但真实、生动、灵活、易变、敏捷、明快、洒脱、通俗，顺任自然，保有个性，追求趣味性甚至刺激性，具有强劲的生命力。感觉经验论是一种认识论形态，并不是说它没有抽象，没有理论，感觉论、经验论本身就是一种哲学理论。

（4）非正统

即非规范性，是对正统的、不合时宜的、陈旧落后的文化规范的反叛。古代岭南发展较慢，比较落后，我国的政治、经济、文化中心长期在北方，中原文化成为正统文化，岭南处于边缘状态，其文化是一种边缘文化、非正统文化。在传统的岭南社会中，非规范的文化心理有深厚的社会基础。一是商品经济较发达，商业活动讲求等价交换、平等竞争和对私有权的保护。商业精神必然与封建的等级专制相对抗。二是岭南远离政治和文化的中心，较少受王权政治和强制性规范的束缚，传统思维障碍较弱。三是古代岭南是"化外"之地、"罪官"流放之地、"流民"之地。"流民"意识较重，不愿受规范束缚，"跟着感觉走"，"哪里舒服哪安家"。其文化的远儒性、忤逆性、反传统性比较强，近代尤为明显。

2. 岭南文化的特征

我们要准确、全面认识岭南文化的本质，就必须深刻认识、掌握其特征。文化特征是文化本质的外部显现。岭南文化有哪些基本特征呢？我们认为，主要有八大特征：

（1）重商性

中国传统文化在经济领域历来具有重农抑商的倾向，这种价值观念在岭南并不突出。岭南人不是"重农抑商""重农全农"，而是"重农兼商""重农不全农"，以至"农商并进"。历史上，岭南特别是珠江三角洲一带是商业贸易比较发达的地区。广州是我国历史上规模最大的重要对外通商口岸。自汉代以来，广州就已是中国海上丝绸之路的起点，到唐代已成为世界著名商埠。明清时岭南商品经济迅猛发展，当时浙商、徽商、晋商、闽商争相"走广"，广州城南的濠畔街成为"天下

广州南沙集装箱码头（来源：视觉中国）

富商聚焉"的闹市区。历史延续到今天，岭南特别是珠江三角洲依然是我国市场经济最为发达的地区之一。岭南这种商业性的社会环境，深深影响着岭南文化的发展。商业精神弥漫于市民的日常生活，也影响着人们的思想和行为。

（2）开放性

岭南位于东亚大陆边缘，南海之滨，中国南大门。得天独厚的地理环境，必然是"窗棂之下，易感风霜"，免不了要与其他外域文化发生碰撞和交汇，形成一种开放态势。得益于岭南开放的地理环境、开放的历史传统、开放的政治氛围、开放的文化心态，岭南不仅对内开放，更是对外开放，呈现出全方位开放的态势。岭南人很早就形成"习于水斗，便于用舟"的传统，他们习于海外拓展，甚至冒着生命危险，去"过番"，下"南洋"，"闯世界"，远涉重洋，"有海国超迈之意量"。到了清代，人员流动之大，世界各地无不有粤人的足迹。因而海外流传着这么一句话："太阳永远普照着粤人社会。"当今广东有3000多万海外侨胞，占全国海外侨胞人数一半以上。历史上，广州是外国人居住和出入最多的城市之一。这样的地理环境和人口流动，使岭南的开放持续发展，不断走宽走深走远。

（3）兼容性

具有开放性的文化，必然具有兼容性。岭南文化是各种文化兼容的结果，它不仅与我国中原文化和其他地域文化兼容，与儒、释、道文化兼容，还与外国文化兼容，与天主教、基督教、伊斯兰教等兼容。特别要指出的是，岭南文化不仅敢于和善于与同质的文化兼容，还敢于和善于与异质文化兼容。海纳百川，为我所用，这表现出岭南文化的胆识、气度和担当。在岭南常常看到这样一些事实，高度文明的科学技术与传统信仰在许多家庭和市民身上同时并存、相安无事。不少人接受现代科学，书架上摆放着现代科学书籍，而神台上又祭供着财神、门神、福禄寿等超自然的精神偶像。这种现象是岭南文化兼容性的奇特反映。

（4）多元性

岭南文化的多元性是指多种性质、多种类型、多种层次文化的并存，它从古至今都一直存在。从文化性质上区分，现代岭南文化受到多重文化因素的影响，其中包括以马克思主义为指导的社会主义新文化、中国传统文化、西方文化等，其中社会主义新文化是当今岭南文化的主体。从文化类型上区分，岭南文化有传统文化、现代文化之分。从地理和自然环境上区分，岭南文化有山区文化、平原文化和海洋文化。从民系上分，岭南文化有广府、客家、潮汕、雷州、海南、桂系等不同民系文化。从层次上区分，岭南文化有高精尖的"阳春白雪"，也有喜为市民接受的"下里巴人"，有适合不同层次需要的文化层面。岭南文化的多元性，使岭南文化显得多姿多彩，生动活泼，富有活力。

（5）创新性

岭南文化敢于超越传统，超越常规，超越现实，尤其在社会转型期，它常常以远离甚至背离传统和现实的定势去吸收其他文化的精华，创造新的文化。这种进取、创新的意识在物质文化、社会生活文化和精神文化的各个层面都能体现出来。如在物质文化方面，多元一体的经济格局、一年三熟的水稻技术、桑基鱼塘的经营方式、水果品种的培植、干栏的建筑等等，都是岭南先民的创造。在精神文化方面，岭南的创新，更加比比皆是。慧能创立禅宗顿教，实现了佛教的中国化和平民化，对中国文化和世界文化产生了深远影响；陈献章突破朱学的藩篱，开创了独树一帜的"江门学派"，改变了中国传统文化发展的路向。朱次琦、陈澧开近代先河的务本开新思想，创立了岭南一代新学风。特别在近代，岭南成为中国思想文化的中心，涌现出洪秀全、洪仁玕、康有为、梁启超、孙中山等一大批思想家、政治家。尤其是孙中山创立的资产阶级革命理论，为我国民主革命提供了理论指导，有力地推动社会变革和历史前进。新时期以来，岭南人在改革开放中始终在全国先行一步。

广州茶楼（来源：视觉中国）

（6）远儒性

何谓远儒？远与近是个相对的概念。这里讲的远儒，不是无儒、去儒，而是有儒，是受儒家影响多少、远近、深浅的区别，而不是有无的区别。儒家文化是我国优秀传统文化的重要组成部分，长期处于主导地位，对我国文化产生巨大而深远的影响，岭南文化也受其影响。但由于岭南的地理环境、人文环境和历史传统等因素，相对于中原文化而言，岭南文化受儒家文化影响少些、浅些、远些，有远儒的一面。岭南文化受道家影响较深，素有"北儒南道"之称。梁启超认为：中国传统文化"实以南北中分天下，北派之魁厥为孔子，南派之魁厥为老子，孔子之见排于南，犹如老子之见排于北也"。岭南文化凭借它的地理位置，凭借明清以来岭南发达的手工业、商业和对外贸易，凭借它对外来文化的兼收并蓄，凭借它的历史传统，使以儒家为内核的中原传统文化对它的影响有所淡化，从而具有更大的自由度和容纳力，对传统的文化具有较大的游离性和再创造性。它相对北方各地域文化来说，受儒家文化的影响和束缚较少，具有许多异于和超于儒家正统的精神成果。

（7）安乐性

岭南文化的安乐性不仅表现为追求舒适、快乐、美好、享受等美的生活和幸福人生，更重要的是表现为通过劳动，获得成功，取得胜利，实现人生价值，为社会做出贡献。成功、自豪、满足、贡献是一种莫大的享受。拼命地干活、尽情地享受、努力地贡献，就是这种享乐型文化功能的真实写照。这种文化的特性，其主导方面是积极的，它催人上进、发奋、开拓、攀登，追求幸福的人生和社会进步。

（8）直观性

岭南文化的享乐功能与文化主体重感觉的直观性是密切联系的。岭南人对认识世界的选择和偏好，更多地采用直观性的认识方法，注重"觉解""感知"，而较少诉诸抽象的概念和理性的思辨。这在学术和学风方面比较明显，历史上，岭南的学术研究一直具有感觉经验论的倾向，甚至像康有为、梁启超这样杰出的思想家也承袭了这种传统。这种认知路向、致思方式，有长处，也有不足，集中表现在功能上，"雄鸡"功能（感知）强大、突出，而"鼹鼠"功能（抽象）弱小、不显著。

（三）岭南文化的贡献

岭南文化是中华民族文化的重要组成部分。它在中华民族文化发展中，居于重要地位，做出很大贡献，主要表现在：

岭南文化是中华文明的重要文脉。史料说明，岭南的历史可以上溯到原始社会的原始群时代。在10多万年前，中华民族的祖先的一部分就在岭南大地上生存和发展，共同创造远古的文化。岭南古代居民大约在1.6万—1.2万年前，与中原地区的居民差不多同时进入母系氏族社会。历史表明，我国古代人类的进化，不是一元的，而是多元的。中华文明的源头，不是一处，而是多处。岭南是中华文明源头之一，岭南文化是中华文明的一支，中华文明的重要文脉。岭南的原始文化，同黄河、长江流域的原始文化一样，同是中华民族原始文化的发源地。珠江和黄河、长江一样是中华民族的母亲河。

岭南文化率先由农业文明进入工业文明。秦汉之后，岭南文化加速与中原文化融合，岭南的经济得到迅速发展。明代中叶以后，中国的封建社会进入到晚期，社会经济的发展受到了阻碍。但岭南的社会经济仍保持良好的发展势头，国内的经济和文化的重心开始南移。明末清初，岭南的农业不仅迅速发展，而且走在全国前列，逐渐形成了甘蔗、水果、茶叶、蔬菜等农业商品生产的专业区域，在农业中出现了雇佣生产关系，手工业蓬勃发展，许多行业已摆脱封建社会手工业生产的约束和生产方式，形成资本主义的生产关系，许多企业成为全国同行业中第一家民族资本主义工商企业。随着农业和手工业、商业的发展，岭南的对外贸易日益发达，特别在1757年以后，清政府封闭了其他沿海口岸，仅留广州一口对外通商。鸦片战争前后，岭南是我国资本主义萌芽最早和商品经济比较发达的地域之一，是中国民族资本主义最早诞生地之一。岭南不仅成为全国经济社会发展的重心，而且率先开始由农业文明向工业文明转变。岭南的经济发展，带来了岭南学术思想文化和科技文化的繁荣。明末清初，岭南出现了一大批具有爱国主义精神的思想家、史学家和艺术家，特别是鸦片战争以后，岭南文化发展进入一个新的阶段，新思想、新理论层出不穷，在全国独树一帜，独占鳌头，处于领先地位。随着西方传教士的来华，西方先进的科技文化和教育文化也开始传入岭南，进一步促进岭南文化与西方文化的融合，促进了岭南文化的发展。随着我国经济发展重心的南移，文化发展的重心也逐渐南移，岭南文化开始由非主流文化向主流文化转变。岭南不仅成为我国经济发展最活跃的地区之一，也成为我国文化发展最活跃的地区之一。

岭南文化率先接受外来文化，走向世界。岭南面临大海，岛屿众多，海岸线长，便于走向世界，接受海外先进文化。岭南地区是我国对外开放最早、最广泛的地区，自汉武帝以后，徐闻、合浦（今属广西）就是通往海外的交通要道，在东吴至南朝期间，中国对外贸易的重心逐

被称为"天子南库"的广州十三行

渐转移至广州。明清时期，"广州成为对外贸易极盛之地"。南海道长期被看作"遣使贡献"的贡道，经过长期的拓展，到唐代中期以"广州通海贡道"之名出现。这条著名的海上丝绸之路，从广州出发，通过海洋，到达世界各地。海洋给岭南带来无限开放的优势，使其成为我国对外贸易的通道，也成为我国中外文化交流的窗口。从三国时期起，佛教、伊斯兰教先后传入广州，明清时期，西方传教士又传来了天主教和基督教，传来了天文、地理、数学、医学、机械等科学知识。学校、医院、报纸、杂志首先在岭南出现。岭南成为中国最早接受西方文化的地区，成为中西文化的重要交汇点。鸦片战争后，中西文化在岭南的碰撞和交融更加频繁和剧烈。党的十一届三中全会之后，广东成为我国改革开放的试验区。中国的七个经济特区，岭南地区就占了四个，岭南还有香港和澳门特别行政区。中西文化在岭南碰撞、汇合、交融是我国其他地区无法比拟的。岭南文化成为一种交汇文化、通道文化，一种富有特色的文化，是我国社会主义先进文化的重要生长点。

　　岭南文化是中国近代革命思想的摇篮。鸦片战争后，中国沦为半殖民地半封建社会。岭南一批有识之士率先探索中华民族的救国图强之路，出现了许多新思想、新理论，涌现出一大批思想家，为社会变革提供了理论基础。岭南成为中国近代革命运动的策源地。在中国近代的救亡图存的历史中，岭南的近代革命思想非常丰富，主要集中在三个阶段：最早开启近代岭南思想文化先河的，是鸦片战争前后著名思想家朱次琦、陈澧和洪秀全、洪仁玕。洪秀全的思想不仅改造了西方基督教神学，创建了拜上帝会，还使其《天朝田亩制度》充满了农业空想社会主义色彩。洪仁玕的《资政新篇》等重要论述，构筑了中国近代化的蓝图，具有启蒙意义。第二次鸦片战争后，岭南思想文化进入新的阶段，它以改良主义思潮的形成和维新运动失败为根本标志。资产阶级维新思想在广东最早出现。郑观应、容闳、何启、胡礼垣、黄遵宪等，是岭南最有影响力的早期改良主义思想家。康有为、梁启超则是中国近代改良主义思想的集大成者。他们代表的近代资产阶级维新派，发起了震惊全国的改良主义启蒙运动，致使维新思潮风行天下，对整个近代中国社会的发展产生了深远的影响。戊戌变法被镇压后，维新派走向衰落，代之而起的是近代资产阶级革命派的民主革命学说，其代表人物是孙中山和朱执信。孙中山的革命学说开创了中国资产阶级旧民主主义革命时代。岭南是中国近代革命思想的策源地。近代岭南文化是代表近代中国的一种先进文化，对全国产生巨大影响。

岭南文化率先走向现代文明。在新民主主义革命时期，岭南文化对全国的重大影响主要表现在中国共产党的建党初期和第一次国内革命战争时期。五四运动前后，岭南是当时全国研究和宣传马克思主义最活跃的地区之一，杨匏安等一批先进知识分子在岭南发表了许多文章，介绍宣传马克思主义，思想非常活跃，有"北李南杨"之称。在马克思主义指导下，一批先进知识分子成立了共产主义小组，为中国共产党的建立做出了积极贡献。在中国共产党的领导下，岭南地区的革命运动风起云涌，五卅运动、省港大罢工、广州起义、农民运动、国共合作、北伐，演出了一幕又一幕悲壮雄伟的历史剧。这一时期的岭南，既是全国政治中心之一，又是全国文化中心之一，还是我国新民主主义革命的重要策源地。

新中国成立后，岭南文化有了新的发展。在社会主义革命和建设中，不断做出自己的贡献，特别是在党的十一届三中全会之后，岭南文化又迎来了一个美好的春天，"风景这边独好"，南粤"更加郁郁葱葱"。这里发生了一个又一个动听感人的"春天的故事"，一步又一步"走向新时代"。邓小平的南方谈话在这里诞生，江泽民提出的"三个代表"重要思想在这里问世，胡锦涛关于新的科学发展观的重要观点也首先在这里出现，习近平新时代中国特色社会主义思想在这里先行先试，率先发展。这不是上帝的恩赐，也不是历史的巧合，而是改革开放的必然，也是岭南文化发展的必然，是岭南这块沃土必然结出的硕果。改革开放以来，岭南文化以一种崭新的姿态出现在世人面前，取得更加辉煌的成就。

（四）"南蛮"不蛮

岭南文化历史悠久，内容丰富，很有特色，地位重要，做出很大贡献，但岭南长期被视为"蛮荒之地"，没有文化，甚至有人认为"广东是文化沙漠"。不可否认，包括广东在内的岭南地区在某个历史阶段里比较落后，是"蛮夷之地""瘴疠之乡""罪官流放之所"。岭南地区由母系社会过渡到父系社会，由原始社会过渡到奴隶社会，比起我国中原等地区整整晚了500年，直到秦汉之前，岭南地区还没有完全进入文明社会，那时岭南地区还是"人如禽兽，长幼无别""不识父子之性，夫妇之别"，即没有摆脱自然血缘性，没有真正跨入文明社会。赵佗立国后，岭南文化加速封建化，步入汉越文化融合新阶段，发展迅速。进入唐宋，岭南文化在器物文化、制度文化、宗教文化、教育文化、商业文化等全面兴盛，空前繁荣。明朝中叶后，岭南的发展走在中国的前列，实现了中国经济重心由北方向岭南的转移。随着经济重心的转移，

陈献章是明代入祀孔庙的岭南人

岭南文化也逐步提高，特别是进入近代，岭南文化大量体现了中国的时代精神，成为时代骄子，引领时代风骚，出现了许多大家和学派，新思想、新理论、新文化层出不穷，做出重大贡献。慧能的佛教哲学、陈献章的心学、孙中山的革命哲学和革命理论，等等，都具有划时代的意义。从某种意义上讲，近代岭南发展史就是中国近代的发展史。

可见，岭南文化在中国历史上的地位和作用是显而易见的，怎么能说"广东是文化沙漠"、没有文化呢？特别需要指出的是，岭南文化在我国社会转型中意义重大，在古代，岭南接受中原文化的辐射、影响、潜移，中原文化对岭南文化的发展起着重大作用。明代中叶后，岭南文化逐步开始向北方辐射、影响、潜移。我们还要看到，岭南文化的发展影响着中国文化发展的路向和轨迹。古代中国的文化是沿着儒家文化的路向和轨迹前行发展的，明代中叶以后，岭南文化开始冲破儒家文化的藩篱，率先向着近现代的文化路向转型和发展，出现了许多近现代的文化特征，改变着中国古代文化的转型和发展。

历史说明，岭南文化在中国文化史上具有重要地位，发挥重大作用。但为何会给人一种"广东是文化沙漠"的印象呢？这里原因诸多，从理论层面说，一个重要原因是对文化理论和文化尺度有不同认识。认为广东没有文化的一个重要依据，是广东没有多少思辨性很强的学术著作和大家，理论抽象不够，"不会给孩子起名字"。确实，广东学术在这方面不如北方，但不能因此就说"广东没有文化"。这里有一个文化类型和文化认知方式的问题。文化有不同类型，广东文化基本上属重感觉的经验论文化，而北方文化往往是重规范、重传统、重范畴的文化。前者注重感性经验，后者强调理论概括，它们是理论的不同形态。我们不能用一种理论形态否认另一种理论形态，也不能用一种认知方式否定另一种认知方式。德国的民族是一个思辨性非常强的民族，善于抽象，其文化特别是哲学，思辨性、抽象性非常强，黑格尔哲学就是其典型代表；而日本则非常专于技术和工艺，其工艺水平是世界公认的。我们能说，德国有文化，日本没有文化吗？显然不能。诚然，我们不同意"广东是文化沙漠"的说法。

二、岭南文化的构成

岭南文化是个大宝库，内容丰富，结构复杂，是一个巨大的文化系统。它由许多文化的要素、内容、部分和子系统构成，呈现出纵横交错的立体网络体系。把握岭南文化的结构，可以从多侧面、多角度、多层次去分析。下面，我们仅从要素文化、部类文化、民系（族群）文化三个方面，对其构成作些简要介绍。

（一）要素文化的构成

任何文化都有文化要素，它是构成文化的细胞、基础，是文化组成的最小单元。各类型文化、各时代文化的要素、内容不尽相同，具有各自的特殊性。岭南文化各子系统及其诸因素在不同历史时期和不同地区有不同的内容和形式。它们作为文化要素共同构成岭南文化，并区别于中国其他地域文化的特殊结构，从而发展为岭南文化的特殊本质。岭南文化有哪些文化要素呢？

1. 本根文化

本根文化，也称为原生型文化。在接受外部文化的影响之前，岭南文化已独立存在和发展了至少10多万年，这是岭南文化一直区别于其他地域文化的坚实基础。即使在接受百越文化、中原汉文化和海外文化时，由于岭南独特的生态系统、多元化物质生产架构和社会生活的特殊结构，岭南本根文化仍有不同程度的发展。就是当今，岭南还有本根文化的痕迹和影响。诸如民间信仰就有古越族自然崇拜、神鬼崇拜的痕迹。在古代，特别是在岭南文化独立发展期，由于险峻的五岭阻隔，海路未通，文化传播艰难而缓慢，岭南相对于中原来说，文化较为后进。

2. 百越文化

岭南文化在原始社会末期开始较明显地接受其他越族文化的影响，其他越族文化进入岭南，成为岭南百越文化的一部分，同时岭南又相对独立地发展出早期的海洋文化和珠江流域独特的水文化，这是岭南文化具有南方普遍特色，并在一定程度上成为中国南方文化代表之一的原因。岭南本根文化对百越文化的吸收，主要是吸取荆楚越族文化的积极成果，青铜器及其工艺和农耕技术大量传入岭南，有力促进岭南发展。

3. 中原汉文化

秦汉以后，岭南文化发展进入汉越文化融合期，岭南越文化大量吸收汉文化，中原汉文化逐渐成为岭南文化中的主要因素，岭南越文化逐渐被汉文化同化。虽然岭南发展出于自身的海洋文化和水文化，但仍受中原农业文化的影响乃至同化。从根本上说，岭南文化与以儒家文化为核心的中原汉文化属于同一文化总体系；但由于本根文化、百越文化和海外文化的存在、影响和渗透，它又以远儒性、非正统性、开放性和兼容性等区别于其他地域文化而称为岭南文化，在汉越文化融合期，它属于中华文化总体系中汉文化系列的边缘文化。

4. 海外文化

岭南是中国最早和最广泛地接受海外文化影响的地区。岭南文化与中原汉文化最大的不同在于，后者是在相对封闭的环境下发育和自我完善的，而又有5000多年辉煌的文明成就。这种半封闭性和先进性致使中原汉文化后来闭关锁国，带有凝固性特征。而岭南文化处于"岭海环抱"的地理环境，总体上较为开放，同时因缺乏中原农业文化的那种先进性和纯粹性，使其能够同时吸收内陆文化和海洋文化的营养，成长为具有独立本质和特征，有异于其他地域文化的非正统性的文化。岭南文化中包含的海外文化因素范围极广，其内容主要是西方文化，包括科学和人文精神。正由于较早接受西方文化影响，岭南文化才在漫长的封建社会中显出自身特色，由非主流文化发展为主流文化之一，反过来深刻影响着中华文化总体系。

（二）部类文化的构成

人类文化由三大部类构成：物质文化、制度文化、精神文化。岭南文化作为一种地域文化，也由这三个部类文化构成。

1. 物质文化

物质文化是人类文化的物质基础，其他的文化都由其决定和产生。岭南物质文化丰富、多样，富有岭南特色，是岭南文化多姿多彩的物质根源。岭南文化的生命力、本质、特征，都来自岭南的物质文化。

岭南物质文化的一个显著特色是多元一体，呈现为物质文化的多元并存格局。它是以商贸业为主线，由农业、商业、手工业及工业、交通运输业，包括建筑文化、饮食文化等在内的其他物质生产生活构成的物质文化体系。这一特色有一个逐步发展过程。在岭南文化独立发展期属于萌芽阶段，百越文化圈期是其形成阶段，到汉越文化融合期逐渐进入成熟阶段。明清至近代这一段时期的物质生产结构，是这一格局的典型代表。

岭南物质文化可追溯到原始群时代，采摘是岭南人祖先物质生产的开端，但岭南的物质生产与北方先民物质生产不完全一样，居住在河海边的先民往往更多从水中获得食物，较早出现渔业，使岭南物质生产较早呈现出多元性。在农业、渔业基础上出现了手工业和商业、交通运输业。这些物质生产部门也打上岭南的烙印，富有岭南特色。

（1）农业

农业是古代岭南的主要产业。但岭南农业一开始就萌发了多元性，特别是商品农业，在全国最有特色。种植业方面，岭南在秦汉时代就呈现出多样性和多层次。如南海郡当时已遍植一年两熟的水稻，柑、橘、荔枝、龙眼、香蕉等水果，甘蔗、槟榔、橄榄、各种花木等经济作物，并已从海外引进多种作物。清代乾隆年间只留广州一口通商，商业的发展更促使岭南农产品向多元化发展。珠江三角洲桑基鱼塘、蔗基鱼

入选世界灌溉工程遗产名录的佛山桑园围（来源：视觉中国）

塘、果基鱼塘遍布，在顺德、番禺、增城、东莞等地形成龙眼、荔枝、柑、橙、橘、香蕉等水果生产的专业区。山区县发展了专门的烟业和茶业等种植。在海南，槟榔、椰子已成为农民主要的经济来源。这些经济作物在农业构成中占有相当大的比重，以致清代"广、惠、潮、肇四府""所出之米，不足供民间食用"。岭南渔业与种植业是同时共生的。七八千年前新石器时代早期，西樵山人已开始发展渔猎经济。母系氏族公社繁荣期，韩江三角洲、珠江三角洲地区的原始氏族部落虽然也经营农业，但渔猎经济的比重更大。以渔业为主要经济活动之一，这种传统在岭南封建社会依然保持。南海一直是我国重要的渔业产区，盛产南珠等海洋产品。畜牧业和养殖业在岭南也发展较早。距今4000多年时，珠江三角洲地区已饲养猪、狗和牛。唐宋时广州一带蚕桑业已很发达，大量丝织品外销。可见当时的规模和盛况。史料说明，岭南农业经济从古至今都存在多元化发展格局，有力促进了手工业乃至工业的发展。

（2）工业

随着农业，特别是商品农业的发展，岭南手工业很快就发展起来，并呈现多样化发展的倾向。父系氏族社会手工业就已有轮制陶器业、骨器和磨制石器制作、以玉石及骨牙等为材料的装饰品制造、竹草类编织、植物纤维纺织等多方面的工艺。汉代番禺已成为犀角、象牙、玳瑁、珠玑、银铜铁器、丝绸的生产加工和集散的商业城市。唐代岭南手工业已发展成为品类多、分布广、水平高的行业。唐以后岭南还发展出端州砚石、制葵业、编织业、制盐业和采矿业等。造船业已有相当水平，所造商船可远航至波斯湾和东非海岸。明代陶瓷业、丝织业、棉麻纺织业、榨糖业、造船业、采珠业都形成了专业化或工场化的生产局面。清代采矿业发展到大规模投资。鸦片战争前，广东是资本主义萌芽和商品市场比较发达的地区。近代广东更成为中国民族资本主义诞生地之一。继昌隆缫丝厂、广州电灯公司等是全国同行业中的第一家民族资本主义企业。

（3）交通运输业

面海靠岭，内外阻隔，早期妨碍岭南经济、文化发展，后来成为岭南发展的有利条件。陆路方面，正式筑路最早要数秦代修筑"新道"四条，南北基本沟通。历史上移民岭南及内外贸易需要促使南北道路逐步通畅，其中著名的有唐代张九龄开凿大庾岭新道、宋代凌策新辟从英州到曲江的通道等。水路较陆路发展得更早更全面。岭南凭借珠江水系与内陆各地相通。自古以来，水路交通就是岭南人与外地人交往的主要途径。重大事件如，秦始皇开凿灵渠，沟通长江与珠江两大水系；汉武帝灭南越国时，顺连水、溱水直捣番禺；两晋、两宋移民由北江南下。宋高宗时转运使林安宅对潮、惠下路进行了浩大的整治、改造工程，沟通了闽、潮、惠、广各州的交通，充分发挥了水路运输优势，形成了以广州为枢纽的水路交通网。海路方面，仅广东境内大陆海岸线就长达4114千米，内通全国沿海，外通世界各地。先秦时期，岭南就与南洋诸国有贸易往来。汉代徐闻、合浦两港就成为通往东南亚等地的重要港口。三国至西晋期间，海外贸易主要口岸逐步转移到广州，船只可航行至印度、斯里兰卡以及当时的波斯地区。唐时岭南贸易开始了新的飞跃，广州成为世界著名商港，是闻名世界的"广州通海夷道"的起点。清代广州独口通商，其海路交通的重要性更加凸显。陆路、水路和海路交通历史悠久的发展和雄厚基础，使岭南特别是广东在近代成为全国交通运输发达地区之一；在现代形成海运、航空、立交桥、江桥、高速公路、铁路、隧道等组成的立体交通网，更成为全国交通极为发达的地区。

（4）名特土产

岭南开发较晚，但后来居上，物质生产的方式、速度和技艺遥遥领先，还涌现出大批名、优、特产品。名特土产有荔枝、木瓜、龙眼、菠萝、香蕉、乌榄、广柑、柚子、余甘子、橙、月柿、黄皮、椰子、芒果、菠萝蜜、蜜枣等。珍稀特殊植物有擎天树、银杉、蚬木、金花茶、红豆树、穗花杉、桫椤、水松等。珍稀动物有白头叶猴、熊猴、黑叶猴、蜂猴、短尾猴、广西猴、山瑞、儒艮、巨蜥、大鲵、黄腹角雉、瑶山鳄蜥、穿山甲、华南虎、矮马、铺鱼等。特产有东山羊、香猪、禾花鱼、南珠、端砚、信宜玉、广绿玉、英石、荔浦芋、马蹄、甜茶、可可、咖啡、腰果、八角、胡椒、玉兰片、云耳、买香草、白毛茶、琼脂、桄榔粉、墨米等。这些物产富有岭南特色，深受欢迎。

（5）商业

岭南物质文化多元一体格局是以商业贸易为主线的。岭南商贸业起步较早，早在秦统一岭南设郡治番禺始，广州就是国家的重要通商口岸。两千多年来，岭南的商贸业比较发达，特别是广州一直是我国商贸中心、商都，长盛不衰。在广州的历史长河中，"商"字承载着这座城市以商贸发展为主题的经济记忆。值得关注的是广府商人也最早走出国门，成为中国对外贸易的先驱。岭南特别是珠江三角洲商贸业的发展，得益于得天独厚的自然环境和历史基础。

一是地理环境。古代岭南，生态环境比较恶劣，先民第一要务就是获得物质生活资料，生存下来，因而形成面对现实、获得实物、取得实利的人生态度。气候炎热，雨量充足，日照长，便于作物生长。岭南开发后，商品农业发展迅速。海岸线长，便于海上交通，为对外贸易创造了条件。

二是经济条件。岭南地区是我国商品经济比较发达的地区，明中叶后，中国的封建社会进入晚期，经济社会的发展受到阻碍，但岭南仍保持良好发展势头，商品农业成为农业大头。经商带来丰厚利润，人们纷纷下海经商，即便吃皇粮的官人也垄断逐利，致官贾不分。明中叶后，广东成为缺粮省。

三是政治背景。岭南自古就没有太多的政治气息，而求生存、谋实利倒是人们所关心的。岭南远离政治中心，政治对他们影响不大，通过政治获取支配地位的人太少，这使得岭南人特别是商人干脆漠视政治，远离政治成为岭南人特别是商界的传统。客家人因战乱逃来岭南，更有淡泊政治、厌恶斗争的情结。

四是文化氛围。岭南文化是一种非规范性文化，它与北方的重农抑商不同，而是重农兼商。"重商""崇利"的价值观念充斥岭南的各个角落。岭南特别是广州、潮州等地，上至官僚、地主，下至士子、农人，经商活动，十分普遍。清代仅潮州一地，不务农业的居民就达10万户之多。在北方，士农工商，天然合理，而在岭南，商人却是四民之首，排在第一，经商在岭南成为令人羡慕的职业。

岭南特别是广州、潮州等地，经商不仅普遍，而且经商有道。历史上的岭南商人以明清时期最具代表性。明清时期的岭南商人在类型上，可分为海商、牙商、批发商和侨商四大类。他们在经营上，"八仙过海，各显神通"，各有各的生财之道。

一是敢于开拓的海商。岭南海商专门从事经营海外贸易。明代海禁时他们从事海上走私活动，开禁后他们就从事海上贸易，岭南著名的海商有东莞的黄秀山、何亚八，潮州的诸良宝，澄海的林道乾、杨皿，饶平的张琏，梅县的林朝曦，大埔的萧雪峰等。这些著名海商形成的海商

粤海关旧址（来源：视觉中国）

商帮，随着清政府开海贸易，更加迅速发展。

二是专事外贸的牙商。牙商包括明代贡舶、市舶贸易的行商人以及清代的广州十三行和晚清逐步形成的买办商人。广东牙行商帮形成于明万历年间。牙行由封建政府特殊的中间商人开设（官牙），或依靠地方封建势力开设（私牙）。封建政府用牙行来监督商税，登记和监督商人的活动，牙行便成为封建政府的爪牙，严重影响商业贸易。康熙二十三年（1684）后，广东商帮中的牙商发展为著名的十三行商。所谓"十三行"，是清代专做对外贸易的牙行，实际是清政府直接控制下的专营对外贸易的垄断商人群体，具有官商性质。

三是善于贩运的批发商。明清时期，广东出现了一批将外省货物运回广东销售并将广东货物销往全国各地的商人，成为长途贩运的批发商。广州成为"洋货"和"土特产"的集散中心，佛山成为"广货"和"北货"的集散中心。清乾隆二十二年（1757）之后，广州成为中国独家通商口岸，全国的外销商品和外国的内销中国商品全部汇集广州，形成天下"走广"局面。

四是爱国爱乡的侨商。广东商人发展起来后，不少商人经商海外而成为侨商。侨商是广东商人的一大特色，它的出现，标志着广东商人经商进入一个新发展阶段。清末至民国年间，粤人出洋侨居经商更是相习成风，出洋范围大大扩张了，其中营商致富者不乏其人，出现了许多成功的商业巨子。

2. 制度文化

岭南历史悠久，早在50万—70万年前，古人类就在这块土地上生息、繁衍、劳动。考古史料说明，郁南在距今50万—70万年已有古人类活动的痕迹，封开垌中岩人距今约14万年，曲江马坝发现的马坝人距今约13万年，证明岭南的历史可以上溯到原始社会的原始群时代。考古学家发现的岭南"新人"的遗迹，进一步揭示了岭南历史发展的面貌。史料证明，岭南先民在1.2万—1.6万年前与中原地区的居民差不多同时进入母系氏族社会。5000年前，黄河、长江一带的社区，由母系氏族社会进入父系氏族社会。岭南地区率先进入父系氏族社会的是粤北、粤中的山区，较晚进入父系氏族社会的地区是雷州半岛、海南岛和腹地个别山区。中原地区约于公元前2100年的夏代，父系氏族社会就全面解体，进入以青铜文化为标志的奴隶社会，经历了1600年左右的时间，于春秋时代的晚期开始进入封建社会。岭南地区父系氏族社会解体比较缓慢，从春秋时代中晚期才逐步过渡到极不发达的奴隶社会。同长江、黄河流域的氏族部落相比，古代岭南由母系氏族社会过渡到父系氏族社会迟了500年，说明古代岭南经济社会发展比较落后。

在夏、商、周三代，岭南对中原已有政治隶属关系。春秋战国时期，岭南与楚国关系较为密切。岭南正式列入国家行政建制是在秦始皇统一六国之后的事情。公元前214年，秦朝在岭南设置桂林、象、南海三个郡。这是岭南历史上第一次划分行政区，南海郡治所在番禺（今广州），任嚣是首任南海郡尉，赵佗是首任龙川县令。秦二世灭亡后，赵佗于公元前206年建立以番禺为都的南越国，自封为南越武王。汉武帝于公元前111年攻陷番禺，将岭南地区重新归于汉朝统治。

汉武帝平定南越后，在行政区域划分方面，"汉承秦制"，仍推行郡县制，岭南分为南海、苍梧、郁林、合浦、交趾、九真、日南、儋耳、珠崖九个郡。西汉末，撤销儋耳、珠崖二郡，辖地并入合浦郡。东吴时期，分合浦以北为广州，合浦以南为交州。广州统辖南海、苍梧、郁林、合浦等郡，交州统辖交趾、九真、日南等郡。广州的州治设在番禺，广州由此得名。往后各朝代的行政建制有所不同，岭南建制的划分和称谓也有所变化。广东省三个字相连，作为行政单位的名称，是从清朝开始的，一直相沿至今。

古代岭南在政治制度方面与我国其他地区没有什么本质区别，秦统一全国后，都实行全国的中央集权制和郡县制，但岭南地区政治制度在发展过程中也有自己的特色，由于社会发展的不平衡性和曲折性，岭南与我国其他地区的政治制度的演变不完全相同，岭南由原始社会向奴隶社会过渡比中原地区晚得多，奴隶社会在岭南存在的时间也比较短，岭南一些地区特别是偏远地区则直接由原始社会进入封建社会，由部落制直接转成郡县制。一方面，说明古代岭南发展比较缓慢和落后，另一方面，也说明岭南的发展往往抓住机遇，实现跨越式发展。

制度文化是一个大的体系，由各种制度和规范构成，除了政治制度和规范以外，还有经济制度、文化制度、宗法制度、伦理制度、家庭制度、婚姻制度和各种习俗制度等制度与规范，大到国家，小到家庭和夫妻之间的制度、规范，都属制度文化之列。岭南地区在这些制度文化中，也深深打上岭南的烙印。

在经济制度方面，古代岭南多元一体的物质生产格局，桑基鱼塘的循环经济模式，灵活多变的经营管理体制，较早萌发的资本主义生产的雇佣关系，较早出现的资本主义经济制度等，都是岭南人的创造。

说到文化制度的创新和特色，莫过于岭南的宗法制度、婚姻制度和习俗制度了。岭南人特别重视血缘关系，宗族观念特别强，姓氏文化、祠堂文化尤其发达，族谱家谱很盛行，"寻根热"一直在"热"。每逢清明节，姓氏大团圆，宗族大出动，抬着大烧猪，挑着三牲祭品，浩浩荡荡拜山祭祖，纸船明烛照天烧，烟火缭绕，鞭炮齐鸣，大摆宴席，举杯庆祝，缅怀宗族的伟业，感谢祖宗的恩德，期待祖先的保佑，其虔诚和盛况在我国其他地区很难见到。

岭南的婚姻制度也很有特色，除父母之命，媒妁之言外，还有什么"哭嫁""骂嫁""抢嫁""半夜迎亲""夜婚"等，丰富多彩，特别是"不落夫家""自梳女"的婚姻制度，恐怕是岭南的独创了。

至于民俗制度，其特色更是数不胜数，在岭南不要说"百里不同风、千里不同俗"了，就是同一村落，风与俗的制度和规范也不完全相同，其多元性尤为明显，个性突出，特色鲜明。

总体而言，由于远离政治中心，且深受对外贸易和文化交流的影响，岭南在政治生活方面相对比较宽松，特别在近现代，这种较宽松环境又得到了新的发展。制度文化本来刚性较强，但在岭南地区则是刚中有柔，伸缩性较大，回旋余地较多，因而一些新的文化因素包括制度文化较易萌发、发展，形成多元并发、万紫千红的局面。

陈家祠（来源：视觉中国）

3. 精神文化

岭南精神文化是岭南文化的重要组成部分。古代岭南精神文化虽起步较晚，比较落后，但后来发展较快，到了近代有了长足进步，反超居上，一跃进入先进行列，并富有岭南特色，产生广泛而深刻的影响。

（1）学术思想

先秦时期，中原和江南地区的文化已发展到一个灿烂的高峰，岭南仍处于落后的原始状态，还没有进入文明社会，基本上没有学术思想与学术文化。秦汉以后，岭南的学术思想与学术文化得以肇始。汉代经学家"三陈"陈钦、陈元、陈坚卿以及士燮、士壹进行经学研究，使岭南成为当时经学研究的中心，这是岭南学术的发端。东汉时，番禺人杨孚所著《异物志》，是现存的岭南最早的学术著作，也是中国第一部地

《异物志》是中国第一部地区性物产专志

区性物产专志。 两晋时期葛洪的道教神仙说，在我国思想文化史上占有一定的地位。唐宋时期，佛学研究有较大成就，慧能创立的禅宗顿教，在国内外产生了深刻影响。明代是古代岭南文化走向昌盛的时期，出现了一个巨大的学术人才群体，其中有先进的政治家丘濬、海瑞，理学家陈献章、湛若水，史地学家张鸣凤、范端昂等。他们的许多著作具有很高的学术价值，对岭南学术思想文化的发展产生了重要的作用。进入清代，岭南的学术思想进一步发展，出现屈大均、陈宏谋、况祥麟、蒋良骐、陈昌齐、陈澧、吴兰修等著名学者。《广东新语》《五种遗规》是当时名著。进入近代，岭南学术思想较早走上了自我更新和现代化之路，开放、兼容和创新的特点更加显著，涌现出一大批具有广泛影响力的思想家、学者和学术著作。林则徐的《四洲志》、梁廷枏的《海国四说》、洪秀全对基督教教义的接受与改造、洪仁玕的《资政新篇》等，都是这方面的代表。19世纪60年代后，岭南出现了一批具有改革精神的思想家和学者，代表人物为容闳、丁日昌、郑观应、黄遵宪、何启、胡礼垣、康有为、梁启超等。他们提出救国改良的政治方案，为维新运动提供理论依据。在此期间及其后的一段时间里，康有为、梁启超的学术思想风靡全国。戊戌变法失败后，资产阶级革命派的思想于岭南崛起，其卓越的代表人物是中国民主革命的先行者孙中山，他的思想和三民主义学说开创了中国资产阶级民主革命时代，推动了辛亥革命的爆发。民国建立之后，岭南的思想与学术开始进入一个新的历史时期。中国和国外各种主要思想流派在岭南几乎都得到了传播和发展，如孙中山对三民主义的发展及"互助"理想，杨匏安、陈独秀、谭平山、马君武等人对马克思主义的传播和介绍，廖仲恺的"消费合作社"的构想等。1921年后，一批在全国声名显赫的学者，如鲁迅、郭沫若、郁达夫、成仿吾、许寿裳、施存统、孙伏园、孙福熙、傅斯年、何思敬、许德珩、江绍原、容肇祖、顾颉刚、俞平伯、赵元任、罗常培、汪敬熙、赵振声等人，相继南下广东，不仅加强了岭南的学术研究力量，活跃了当时的思想和学术风气，而且为后来岭南思想与学术的发展奠定了良好的基础。

（2）岭南教育

古代岭南教育发轫较晚。隋唐之前，岭南教育尚处在后进状态。宋代，岭南文化教育有所发展。明清时期，岭南文化教育走向繁荣。近代，在建立现代学校教育制度方面，岭南则走在全国的前列。汉代的南海郡，相当于今广东绝大部分地区，当时仅设6所官学，唐代，官学有所增加。元和十四年（819）韩愈在广东潮州举办州学，自此广东各地建州学、县学渐多。宋代官办教育较前代有较大发展。庆历四年（1044）广东设广州府学（广府学宫），这是岭南地区规模较大、规制最完备的一所府学。元代，岭南各地设路学、府学、州学、县学，农村地区则设立社学，使岭南官办教育保持一定程度的发展。进入明清，官学教育开始走向兴旺。岭南地区的私学教育有比较悠久的历史。私学一般是启蒙性质的教育机构，称私塾、蒙馆。发展到后来，有的私学成为学术研究和教学相结合的书院。据史籍记载，岭南私人讲学始于西汉。书院教育的发展是岭南地区学校教育发展的重要标志。宋代起，岭南书院开始有大的发展，著名的书院有广东的崇正书院、濂溪书院、泰

广府学宫是岭南地区规模较大、规制最完备的府学

泉书院、白沙书院、白云书院、天关书院、大科书院、石泉书院、四峰书院、五羊书院以及后来的羊城书院、粤秀书院、越华书院、雷阳书院、端溪书院等。鸦片战争以后，随着西学东渐，近代教育思想和教育制度传入中国。岭南地区是近代教育思想和教育制度最早传入的地区。香港和澳门分别在英国和葡萄牙的管制下，受西方教育制度和思想影响最早、最深，近代西式学校也最早出现。建立于清道光十九年（1839）的澳门马礼逊学堂，是中国第一所西式学堂。此后，西方近代教育渐次影响中国内地，岭南地区各地书院纷纷改办学堂，使教育出现了一派新气象。广东各级各类学校的数量名列全国第三位，仅次于北京和上海。同治十一年（1872）中国首批出洋留学生中，岭南籍（尤其是广东籍）人士占大多数。大量近代先进人物和科技人才如康有为、梁启超、郑观应、孙中山、容闳、詹天佑、冯如、黄宽等俱出于岭南。民国时期，官立学校、私立学校、教会学校大量涌现，岭南地区基本形成幼儿教育、小学、中学、大学以及普通教育、职业教育、专科教育的近代教育体系。

（3）岭南文学

岭南的文学作品始见于汉代，明清两代名家辈出，近现代涌现出一批开风气之先的人物，在中国文学史上有辉煌成就。现存的汉代岭南第一篇文章是南越王赵佗的《报文帝书》。东汉番禺人杨孚《异物志》中的"赞"是四言韵语，富有诗味。东汉郁林人养奋的四言体"策问"具有诗歌韵味，是今天见到的广东最早的诗歌。唐代岭南诗文创作在中原已有影响。作为历史上第一个岭南籍的贤明宰相张九龄，开创了岭南一代诗风。唐五代善诗能文者还有邵谒、陈陶、黄损、孟宾于等。余靖是北宋最负盛名的粤籍作家，后世岭南坛坫，奉张九龄和余靖为二宗。余靖的诗作骨格清苍、幽深劲峭，给北宋诗坛带来新鲜气息。余靖的散文《正瑞论》，为影响一时之佳作。元末罗蒙正的诗"圭臬盛唐"，开"南园五子"诗风的先河，可惜诗作大多散失。明代岭南文学迅速发展，成就超过唐宋，尤以诗见胜。元末明初，以号称"岭南儒宗"的孙賫为首，与黄哲、王佐、李德、赵介，在广州的南园抗风轩组织"南园诗社"，世称"南园前五子"。他们力图矫正元诗的纤弱萎靡之风，倡导诗的气象雄浑和清圆流丽。明中叶的岭南诗人中，有不少都是著名的学者，如丘濬、陈献章、黄佐等。著名爱国将领袁崇焕的诗歌正气凛然，壮怀激烈。为抗清斗争献出生命的广东杰出诗人还有黎遂球、邝露、梁朝钟、陈子壮、陈邦彦、张家玉等，以坚贞不屈的品质和强烈的爱国主义精神，在明末诗坛上放射出灿烂夺目的光彩。其中黎遂球、邝露、陈邦彦三人被称为"岭南前三大家"。明末清初，屈大均、陈恭尹与梁佩兰并称"岭南三大家"，三家诗洋溢着岭南诗派"雄直"之气，扬名于海内诗坛。近代的张维屏是嘉、道年间广东诗坛领袖，经历了鸦片战争等重大历史事件，写出了一些歌颂民众抗英、表彰将士奋战的诗篇。同时期岭南诗坛涌现出彭泰来、徐荣、冯询、陈澧、汪瑔、叶英华等优秀诗人。共同书写中国人民反侵略战争中的英雄气概与感人事迹，留下了极为珍贵的一代诗史资料。近代诗歌中最富于创新意识并且体现出诗歌发展主流的是"诗界革命"派诗人，代表人物黄遵宪、丘逢甲、康有为和梁启超等，其中黄遵宪是较早提出"诗界革命"并取得成就最大的一位。被他们激发起来的岭南雄直诗风，一直兴盛不衰。岭南诗坛上不断出现意气豪迈的诗人，如廖仲恺、胡汉民、朱执信等，不断谱写

岭南三大家（左起陈恭尹、屈大均、梁佩兰）

出岭南诗歌雄直气的新声。苏曼殊是中国文言小说的殿军，多写男女青年争取婚姻自由的主题，在中国文学史上具有与众不同的地位。辛亥革命时期，进步艺人组织"志士班"，宣传反帝反清，创作《文天祥》《秋瑾》《温生才刺孚琦》等剧。五四运动以后的现代文学在民主革命和民族革命中得到发展，岭南出现一批进步文人。洪灵菲、叶灵凤、冯铿、蒲风、曾平澜、许地山、征军、韦杰三等都是著名作家。抗日战争期间，郭沫若、茅盾、巴金、夏衍等一大批著名作家云集广东，与岭南文学青年结合，组成一支实力雄厚的文学创作队伍，对岭南文学的发展起到很大的作用。

（4）岭南艺术

岭南艺术文化是岭南文化中的一颗璀璨明珠。岭南人凭着智慧和灵巧，在南国艺苑里种下朵朵奇葩。岭南艺术文化门类应有尽有，从古到今，繁荣发展。其中，广东音乐和岭南画派，早已名声在外，享誉世界。岭南工艺，历史悠久、技艺精湛。岭南艺术文化是岭南文化的艺术表现和审美追求，反映了岭南文化的基本精神。

先说岭南绘画与"岭南画派"。自古以来，岭南画家和岭南绘画风格盛名海内外。早在新石器时代彩陶上的手绘图案、玉石上的兽面纹等就已具有浓烈的地方色彩。秦汉以后渐趋丰富。宋白玉蟾画梅、竹，皆著称于世。明清以来，岭南画坛愈益兴旺，人才辈出，风格独特，异彩纷呈。特别是20世纪20年代形成以"岭南三杰"为代表的"岭南画派"，使岭南绘画以独有的风格和个性登上中国画坛，与京、沪两地的绘画形成鲜明对比，三足鼎立。所谓"岭南画派"，是指20世纪初在广东兴起的，以高剑父、高奇峰、陈树人"岭南三杰"为创始人，以岭南画家为中心的，主张"折衷中西、融会古今"，以建立现代化、民族化、大众化的现代国画为宗旨的一个在国内外有影响力的美术流派。"岭南画派"是我国很有地位的艺术流派，富有岭南特色，其主要的特色是：以倡导艺术革命、建立现代国画为宗旨；以折衷中西、融会古今为道；以形神兼备、雅俗共赏为审美标准；以兼工带写、彩墨并重为艺

入选世界文化遗产名录的粤剧

术手法。首倡折衷中西，融会古今，丰富和提高了中国画的表现力。高度重视写实和写生，推进中国画艺术向前发展。

再说广东音乐与岭南戏曲。岭南人民在漫长历史中，创造了绚丽多彩的音乐戏曲艺术，形成了独具岭南风格的音乐戏曲体系。器乐、民歌、戏曲等都有杰出成就，艺术个性和风格往往自成一派。属器乐体裁的有被称为"东方民间音乐明珠"的广东音乐，有被称为"我国音乐宝库中珍品"的潮州音乐，有各具特色的岭南少数民族音乐等；属民歌体裁的有闻名遐迩的客家山歌、独具特色的雷歌和壮族民歌等；属戏剧体裁的有被称为"广东四大名剧"的粤剧、潮剧、汉剧、雷剧等；属曲艺体裁的有独具风格的粤曲、木鱼、龙舟、南音。它们为我国传统的民族民间音乐戏曲艺术做出了巨大的贡献。

最后说说岭南工艺。岭南工艺包括岭南民间工艺和宫廷工艺两大类。民间工艺大致有日常生活用品和装饰欣赏品两大类，包括民间陶器、民间编织、民间服饰、建筑装饰。宫廷工艺是指供皇家享乐的工艺品。南越国王宫御苑的大型铺地砖，面印几何图案花纹，还有"万岁"

瓦当、绳纹板瓦、筒瓦、蕨草纹瓦当，以及朱色或绿色的砖雕、灰塑脊饰残件和砖雕窗棂，都是岭南工艺早期的建筑装饰。明清时期，书院、祠堂、庙宇等遍布全省，出现了许多新的创造。如集岭南建筑装饰艺术之大成的广州陈家祠、三水卢苞祖庙、佛山祖庙等，都大量运用石雕、砖雕、彩画、陶塑、灰塑、嵌瓷、铜铁铸件和琉璃饰件、漆画、木雕、竹雕等装饰，巧夺天工。

（5）岭南民俗宗教

岭南民俗文化百里不同风，千里不同俗，丰富多彩。在岭南影响比较大的民俗有生产习俗、生活习俗、丧俗、人生礼仪习俗、岁时节令习俗、民间艺术竞技习俗、信仰禁忌习俗、制度习俗，等等。特别是岁时节令习俗，如春节、元宵、清明、端午、中秋、重阳、冬至等，影响深远。宗教文化是岭南文化重要内容。远在原始社会时期，岭南古越族即已形成与岭南特殊的生活环境相联系的某些原始宗教观念。如古越人有"断发文身""雕题黑齿"等风俗，与图腾崇拜和灵魂转生的观念有关。南越人"俗信鬼"，"而以鸡卜"，是沟通人神关系上与中原不同的特殊贞问方式。但总的来说，这些观念没有发展出系统的理论架构并进而衍生为宗教组织。岭南地区有理论与有组织系统的宗教是从外地传入的。当今中国五大宗教佛教、道教、基督教、天主教、伊斯兰教在岭南地区均有传播。道教是在汉晋之际由中原传来，佛教则在汉吴时期从东南亚与中原两地同时输入，伊斯兰教在唐初从波斯东渡，天主教、基督教的传入则始于明清时期。这些宗教各自对岭南的思想与文化都产生着影响。

（三）民系文化的构成

岭南是个多民族居住的地区，不同民族以及同一民族在不同的时空，生产方式和生活方式的不同，往往产生不同的民系（群族）文化。岭南地区就有广府文化、潮汕文化、客家文化、雷州文化、桂系文化、海南文化等民系（族群）文化。下面，我们仅就广府文化、潮汕文化、客家文化、雷州文化作些介绍。

1. 广府文化

广府文化是指广府民系文化，它是生活在岭南以粤方言为主体的族群所创造的民系文化。广府人是汉族主要族群之一，在广东四大民系中分布范围最广。珠江三角洲（含香港、澳门）是其分布的核心地带。秦始皇开发岭南后，有100多个姓氏的中原人士不断进入岭南地区，与当地的古越族融合为今天的广府人。因在汉代便与海外有密切接触，广府文化呈现出多元特征，既有南越文化传统，又受中原汉文化哺育，以及西方文化、经济因素的影响，体现出兼容并蓄的开放性。南雄珠玑巷是汉族进入岭南的重要落脚点，广府人各姓氏大多认为其祖先来自珠玑巷。农业以桑基鱼塘、果基鱼塘、蔗基鱼塘等基塘农业为特色。经济生活呈现多元并存和商业发达的特色，崇商重利。其民居，汉时就有干栏式、三合式、四合院、曲尺形、日字形和碉堡形等，大中型住宅基本格局为"三间两廊"。竹筒屋、明字屋亦是其民居的主要形式。清末出现风格独特的西关大屋。广东四大名园清晖园、余荫山房、可园、梁园以及陈家祠是广府建筑文化的代表。近代受西方文化影响，出现碉楼、别墅、骑楼。广府人敬神奉鬼，其年节多与祭神酬神以及发财致富、出航平安等主题相关，如沙湾飘色、生菜会、波罗诞、金花诞、鱼花诞、龙母诞等，春节有逛花街的习俗。其宗族观念浓厚，接受了中原汉族的封建婚姻制度，1949年以前有不落家和自梳女的婚俗。粤菜是中国四大菜系之一，喜食海鲜，博采众长，体现出岭南文化融通善变的韵味。粤剧、粤曲、南音、广东音乐、木鱼、龙舟、木偶戏、广绣、广雕、端砚、广彩等都是广府文化的重要组成部分。以高剑父、高奇峰兄弟和陈树人、关山月、黎雄才等为代表的岭南画派，是国内外具有影响力的绘画流派。近代的康有为、梁启超、容闳、詹天佑、陈献章等名人都与广府文化息息相关。广府文化的主要特征是重商、开放、兼容、创新、务实、直观、享乐等。它是岭南文化的重要组成部分，是岭南文化的典型和缩影，无论其文化形态、文化特质还是文化地位、文化影响，都不愧为岭南文化的代表，处于岭南文化核心和主导地位。

2. 客家文化

客家人是汉族主要族群之一，客家文化是指岭南地区范围内客家民系文化，主要以客家方言为界定依据。客家方言是汉民族中最具稳定性的语言。梅县话是客家方言的标准方音。客家人无论走到哪里都不改方音，祖传谚语曰："宁卖祖宗田，莫忘祖宗言。"客家人多居于贫困山区，有"逢山必有客，无客不住山"的俗语，梅州地区是中国客家人居住最密集的地区。客家人普遍将福建宁化禾口乡石壁村认为是客家祖地。客家人先祖是中原南迁的汉族，其文化最富有中原文化特色，也最具山区文化特点。客家人具有吃苦耐劳、坚忍不拔的精神，自信、自立、自强、自足、自我奋斗的意识和高度的向心力、凝聚力。崇尚读书，重视教育，文人层出不穷，讲究忠孝节义，宗族家族观念浓厚，祠堂和族谱完备，重视堂号家声。民居为超大型的土楼和楼房组成的围龙

梅州花萼楼（来源：视觉中国）

屋。五凤楼、方楼、圆寨是土楼的三种典型形式，这种民居自成天地，规模巨大，安全坚固，防御性强。居民聚族而居，有利于加强凝聚力。女劳男逸是客家社会的传统。女子少缠足，承担着田间、家庭的重活。山歌是直接取材于生活的口头创作，上承《诗经》遗风，又受唐诗律绝、竹枝词的影响，也吸取了南方民歌特色。客家人自古有二次葬文化，重视送终，安葬若干年后（通常3—10年），开棺捡骨，按人体结构屈肢装入陶罐中，称"捡金"，再重新下葬。他们崇拜祖先多于神，重拜山祭祖。汉剧、秧歌、龙舞、迎神赛会、踩船灯、鲤鱼灯舞、九连环、采茶戏、花朝戏、采茶扑蝶舞等都是客家民间文化的重要组成部分。洪秀全、黄遵宪、廖仲恺、叶剑英等是其杰出代表。

3. 潮汕文化

潮汕文化是指岭南地区以潮汕方言区为主体的族群的民系文化。将"潮汕"作为一个地区的指称，肇于民国时期，是潮州与汕头的合称。经历史多次演变，潮汕地区现时有汕头、潮州、揭阳三个市。该区土地肥沃，气候温暖湿润，经济社会比较发达。潮汕民系主要居住于韩江三角洲地区，通行潮州话。潮汕地区在原始社会时期与珠江三角洲南越族处于同等的社会发展水平。但由于僻处东部沿海，其与中原汉民族的交往迟于广府民系，青铜器时代后文化差距逐渐拉大，直至隋唐设潮州

潮州工夫茶（来源：视觉中国）

郡，潮州古文化才开始繁荣，至宋代兴盛，明清时达到鼎盛。潮汕地区大部分依山傍水，使潮汕人形成了一种独特的生产方式和生活方式，许多人依靠大海生活，主要以渔业和海上贸易为生，同时也兼顾农业生产。这种生产生活方式，形成了勇于开拓、富有创新精神的文化特色。经商有道，会做生意，潮州商人闻名全国，被称为广东的"犹太人"。认同感强，族群认同意识浓厚，易"抱团"，好团结。精明灵巧，其手工业、工艺品和茶具以及潮州小吃都非常精细，潮瓷、潮绣更享誉海内外。崇尚知识，教育发达。别具风韵的潮州饮食文化更富有特色，潮州稀饭、潮州小吃、潮州卤味、潮州工夫茶，令人感叹不止。

4. 雷州文化

雷州文化是指岭南地区以雷州方言为主体的族群的民系文化，是岭南四大区域文化之一。被称为"天南重地"的雷州是国家历史文化名城，是古代雷州文化的中心。原为海康县，地处粤西地区，雷州半岛中部，东西面海。气候炎热，雨量充足，物产丰富，人杰地灵，是热带作物和海洋水产的重要生产基地，有"芒果之乡""剑麻之乡""南珠之乡"之誉。雷州历史悠久，文化积淀丰厚，早在汉代，就是我国古代"海上丝绸之路"起点之一，唐代闽南迁民，为开发雷州做出很大贡献。邑人陈文玉，先后任东合州、雷州刺史，大力发展经济和文化，促进民族和睦共处，雷人尊称他为"雷祖"，建有雷祖祠祀奉。唐宋期间，李纲、赵鼎、寇准、苏轼、苏辙、秦观、王岩叟、李光、任伯雨、胡铨等名臣、文豪，先后谪居或路过此地，兴办教育，传播中原文化。雷人感德，建有十贤祠和寇公祠等作纪念。南宋名臣文天祥撰写了《雷州十贤堂记》。苏轼、苏辙兄弟相会雷州并寓于湖上，后人为纪念他们，改名西湖，并建有苏公亭。当地的南越俚僚文化与岭南其他民系文化、中原文化等先进文化融合，形成独特的雷州文化，雷州方言、雷祖雷神、雷歌雷剧、雷州音乐、雷州傩舞、雷州石狗、雷州习俗风尚等都很有特色。陈文玉、陈瑸、陈昌齐是雷州文化杰出的代表人物。

三、岭南文化历史发展

岭南文化历史悠久，经历了一个漫长的历史时期，可分为五个时期：独立发展期、百越文化圈期、汉越文化融合期、中西文化碰撞期、走向现代化时期。独立发展期是本根文化萌发时期，百越文化圈期为百越文化融合时期，汉越文化融合期为南越文化汉化时期，中西文化碰撞期为中西文化兼容时期，走向现代化时期主要是红色文化发展时期。

（一）本根文化萌发

从原始文化诞生至商代，为岭南文化独立发展时期，也是岭南本根文化萌发时期。岭南是中华民族发祥地之一，珠江同黄河、长江一样，是中华民族的母亲河，孕育了岭南的人类祖先。据考古发现的80万年前的百色旧石器遗址可知，岭南人的先祖就栖息、劳作、繁衍在岭南的大地上。广西百色、广东云浮在60万—80万年前已有先祖活动的痕迹。封开的"垌中岩人"距今14.8万年，曲江的马坝人距今12.9万年，他们都是岭南人的祖先。这足以说明，岭南历史可上溯到原始群时代。

岭南文化的独立发展期从原始文化诞生至商代，大体经历四个阶段，从"古人"（早期智人）发展到"新人"（晚期智人），继而进入母系氏族社会，再进入父系氏族社会，于商末周初完成原始文化的进化。

1. "古人"阶段

1973—1989年，先后在广西西部右江第二和第三级阶地上，发现百色旧石器遗址，这是旧石器时代早期文化遗址。2000年3月，美国《科学》杂志以《中国南方百色盆地中更新世似阿舍利石器技术》为题发表了中美科学家对百色旧石器遗址的研究报告，确定该遗址年龄为80万年，把人类在岭南活动的历史大大提前了，这是至今发现的岭南人类最早的文化史迹。2013年发现的郁南磨刀山遗址，被认为是广东先民最早期的活动历史，和北京猿人同期。其出土的石制品属中更新世，填

马坝人的头骨

补了广东旧石器时代的空白。"峒中岩人""马坝人"也是广东人的先祖,他们与长阳人、丁村人同属旧石器时代中期的古人,他们的原始群落与中原古人部落分别创造了中华民族的早期文化。

2. "新人"阶段

大约距今4万—3万年,我国从"古人"迈入"新人"(晚期智人)阶段。岭南的代表是"柳江人"和"灵山人"。此期文化有几点值得注意:一是两广"新人"的旧石器具有相同的特点,如大多是砾石石器,制作简单粗糙。二是学会使用火,开始食用熟食。三是群体居住比较固定和集中,呈现原始氏族公社的雏形。四是懂得使用骨鱼叉和结网捕鱼,捞摸水中软体动物,还会用骨针缝制衣服。

3. 母系氏族社会

岭南旧石器时代末期向新石器时代早期的过渡阶段约在1.6万—1.2万年前,与中原居民几乎同时进入母系氏族社会,其代表是阳春独石仔和封开黄岩洞等洞穴遗址。岭南母系氏族社会有几个特征:其一,以穴居为主,大多选择石灰岩天然洞穴,学会取火并用火烧烤食物、驱散湿雾和野兽。其二,小群聚居,每个群落一般不超过20人,以母系为中心。其三,工具种类增多,工艺进步,用于渔猎和农业。其四,陶器种类和数量大大增加,原始艺术已萌芽。其五,出现多种多样的集体葬和墓葬,遗址分布地区极其广泛,说明定居和半定居的群落生活和生产渐趋稳定。其六，渔猎经济与锄耕农业经济并举的多元化物质生产格局已初步萌芽。

4. 父系氏族社会

岭南在距今4500年前后进入以原始锄耕农业为基础的父系氏族社会，比黄河、长江流域迟六七百年。其代表是曲江石峡遗址。岭南父系氏族社会的特征主要有：其一，出现原始手工业与原始农业分离的趋势，出现了象牙、水晶块和各种骨、石等制成的精工细磨的原始工艺品。其二，几何印纹陶产生，由女性制造变为由男性制造，使用陶轮等工具，陶器从直接火烧发展为陶窑烧制。在原始艺术上，体现为拍印几何纹样。其三，锄耕农业较发达且与渔猎经济并存。锄耕农业以稻作农业为主。其四，父权制的确立，出现对男性的崇拜和以男性为中心的观念。其五，产品交换已经开始，原始的商品意识已萌芽。

独立发展期是岭南文化确立其在中国文化发展中的重要地位的奠基时期。其四个阶段各有其特征而区别于中国其他地域文化，主要表现在：一是此期是中国各地域之间文化传播最弱的时期，各地域文化均有独立的发展序列。岭南文化独立发展出珠江流域中下游文化，与黄河、长江流域文化共同组成中华民族的早期文明。二是在物质文化上，早期岭南文化大大落后于秦晋文化、齐鲁文化。三是在制度文化上，中原各部族已逐渐融合为强大的华夏族集团；岭南人此期还是以规模很小的单个氏族部落为单位。四是在观念文化上，中原文化已有乐器和文学，而岭南至今没有发现能展示此类精神文化的文物。

但独立发展期的岭南文化也有自己的长处和特点：一是岭南文化是从岭南这块土地上土生土长发展起来的，其根是岭南。其本根性是岭南文化的根本属性，这是岭南文化区别于其他地域文化的基础，也是岭南文化保持自己特色和旺盛生命力的基础。二是比较封闭。这一时期的岭南文化是在内部、在比较封闭中自我发展的，此时尽管有一些接受外来文化影响的史实和传说，但这种影响非常有限，只是初步与岭南邻近的荆楚文化及吴越文化发生过非常不全面的接触。三是岭南文化从一开始就具有与北方文化不同的发展路向和特色，岭南的农业与渔业几乎同时产生，物质生产格局一开始就呈现出多元态势。四是岭南的石器、骨器、玉石器、陶器自成一格，墓葬文化、原始崇拜等精神心理、工艺艺术文化因素也独立发展起来。这就说明，岭南文化的发展自成体系，一脉相承。五是古代岭南的农耕文化落后，但海洋文化却是领先的，岭南是我国历史上最早孕育海洋文化的地区之一。

（二）百越文化融合

岭南文化的百越文化圈期大体从商代至秦统一岭南。这一时期是百越文化融合时期。我国古代的南方除有岭南越族外，还有其他百越民族。先秦岭南土著居民的族属在历史上与古越族有关，属于江南地区百越族的一支，由于族属和地区的关系，岭南越族在文化方面与其他百越族有着十分密切的联系，特别是从周代开始，岭南越族和周边各越族如闽越、吴越、山越、滇越等相继进入奴隶社会，生产力得到发展，文化传播逐渐加强，此时荆楚文化比较强盛，和越人的文化交流逐渐加强，加大了对岭南的影响力。这种影响力不再是零星的、分散的，而是较为集中、较为全面的。百越各地方支系在文化方面的共同性也表现得越来越明显。此期的岭南文化，无论在文化类型方面还是在文化发展水平方面，都属于百越文化的组成部分（包括南越文化、骆越文化、西瓯文化等），但其文化主体仍是岭南土著越族文化，还是岭南区域性的原生文化。

这一时期，文化成果和特征主要如下。

独特的器物文化风格：此期岭南文化是以青铜器和几何印纹陶为特征，与磨光石器和干栏式建筑并存，既有自身特色，又带有荆楚文化、中原文化的一些特点。

稻作农业与渔猎经济同时并存：农业经济以稻为主粮，水稻技术是

五羊雕像（来源：视觉中国）

岭南一大贡献。沿海、珠江和韩江的遗址都发现大量鱼骨、蚌等遗存。居民习于水性，善于用舟，说明先秦时代岭南人已掌握造船技术。

特色突出的民俗文化：背山面水，与中原相对隔绝的地理环境，使岭南人在性格、习俗、道德风尚、语言和饮食文化等方面都体现了岭南地域性本根文化的特色。"越人之俗，好相攻击"，崇尚勇猛，有冒险的原始粗犷的精神风貌。在语言方面，有相当丰富的独具特色的越语文化，"断发文身"，喜欢食鱼、蛇、蛤、蚌等"腥臊之物"。

图腾崇拜和祖先崇拜合而为一的原始宗教文化：此期内百越各族互不归属，未形成统一的图腾崇拜，而是呈现多样化特点。他们图腾崇拜的主要对象是蛙图腾和蛇图腾。"五羊"的神话反映出南越族以羊为氏族或民族图腾标志的观念，今广州称羊城即其遗传。岭南信仰文化中还有祭祀和占卜。南越人笃信巫鬼，以鸡卜吉凶。这种迷信习俗，如鸡卜现仍存在于海南岛黎族个别地区。

可见这个时期岭南文化已初步形成多元化的文化格局。物质文化上的集中表现是稻作锄耕农业与捕鱼、狩猎并存，农业与手工业并存，器物文化上青铜器、石器、几何印纹陶、干栏式建筑并存，工艺上玉石器、青铜器、金银器、丝织业、竹木器业等同时发展，观念文化上原始宗教文化、道德风尚和民俗、原始艺术观念同时初步发展起来。尤其重要的是原始商品观念的形成，它是岭南率先开拓海上丝绸之路，从而特异于中原汉文化的多元一体文化格局的重要成因。

这一时期岭南文化所取得的成就在岭南发展史中的意义在于：一是经济社会的发展，特别是私有制的出现，百越文化逐渐质变，为岭南地区由奴隶社会过渡到封建社会，由百越文化转变为汉文化、封建文化、岭南文化汉化、封建化的转型，提供了社会基础，准备了条件。二是文化多元性因素的发展，初步形成了物质生产多元一体的格局，为后来的以商贸业为主线的多元一体物质生产构架，奠定了较好的基础。三是初步形成了原始商品观念，先秦时期，徐闻港、合浦港等地的商品不仅输送到内地，也输出海外。商品交换的出现，原始商品意识的产生，对后来岭南海上丝绸之路的形成和岭南特别是广州长盛不衰的商贸业，有重要的意义。

（三）南越文化汉化

汉越文化融合期大体从秦统一岭南到清中叶。这一时期是越文化加速封建化、汉化进程的时期，也是岭南文化基本定型的时期。这一时期时间长，历史跨度大，分为三个阶段：第一阶段从秦统一岭南至汉武帝再次统一岭南，为岭南封建文化的基本确立时期。第二阶段从汉武帝在位时至宋代，为岭南封建文化的全面确立和鼎盛发展的阶段。第三阶段从明至清中期，为岭南封建文化开始走向衰落，资本主义萌芽并与封建文化冲突的阶段。

这一时期发生了许多重大事件，对岭南文化的发展有重大影响，其中影响比较大的有下面几件。

西汉南越王墓出土的铜虎节

秦始皇统一岭南：秦始皇统一岭南的战争分两次，一是公元前218年，屠睢率50万大军兵分五路，历时三年而失败。二是公元前214年，任嚣、赵佗两尉统一岭南，设南海、桂林、象三郡，任嚣任南海郡尉，赵佗任龙川县令。

南越王国建立：陈胜、吴广起义和楚汉逐鹿中原期间，赵佗接替任嚣任南海郡尉，封锁南北交通，武力合并桂林、象两郡，于公元前204年建立以番禺为王都的南越王国，经五代王，历时93年。

汉武帝重新统一岭南：公元前112年，汉武帝遣伏波将军路博德、楼船将军杨仆率10万楼船水师进军岭南，于111年攻陷番禺，平定南越，在岭南设九郡。

四次移民高潮：历史上，岭南有四次移民高潮。第一次是秦汉时期统一岭南，军队及其家属南来，秦始皇时几万妇女被遣送来岭南，这一时期的移民出于军事原因。第二次是两晋南北朝期间的大移民。这一时期长达近300年分裂动乱，中原移民不断南下，至两晋为高峰。第三次是两宋时期大移民，此次移民有两个浪峰，一是北宋末年，大批中原难民在康王赵构仓皇南渡之时，掀起一次国破家亡的大逃亡，来到岭南；二是南宋灭亡时，长江流域的江南人涌入岭南，这是人数最多最急剧最集中的一次大移民，高峰时每天有上万人进入岭南。第四次是明末的大移民。自1644年李自成攻陷北京至1661年清军荡平广东全境反清武装力量的17年战乱中，移民分两批进入岭南，一是明朝遗臣、后裔及其追随者，一是自发的中原人，这次移民引发长达17年的抗清斗争，使岭南遭受战祸。

这些历史事件对岭南文化发展影响很大，其文化意义在于：

秦始皇远征岭南和汉武帝再次平定岭南，重大意义在于：一是统一了全国，开始了全面的封建统治。岭南进入全国版图，有了全国统一的建制，加速了岭南文化封建化和汉化。二是郡县制将岭南互不相属的部落置于统一管辖下，保证了岭南的稳定性，纳入中华民族文化发展的轨道。三是引进了中原先进的铁器工具、耕作技术和工艺技术，促使岭南经济迅速发展。四是促进了各越族与中原汉族的融合和文化交流，在岭南确立了封建文化的主导地位。五是使汉王朝得以组织官办商船队从合浦、徐闻出海，大大刺激了岭南的海外贸易和国内贸易。

四次移民高潮是汉越文化融合的强大催化剂，意义在于：一是秦汉移民，赵佗"和辑百越"，鼓励汉越通婚等文化政策一直发挥着巨大作用。二是促进了南越族与中原民族的融合，进一步促进了中华民族的形成和发展。三是移民带来了大量的中原先进科学技术和先进文化，极大促进了汉越文化的交融，最终形成了以汉文化为主体，古越族演变成少数民族并存的岭南文化。

殖民叩关，进一步促进中西文化的交流和初步碰撞。岭南文化在这个过程中吸收西方文化，丰富自己，发展自己，强化了多元性、开放性、兼容性的文化特征。

这一时期，岭南文化取得的成就是巨大的。从历史过程来看，有的成就是历史性的，具有历史意义。一是岭南快速进入封建社会，实现社会转型。岭南有的落后部落直接进入封建社会。封建文化快速全面占领岭南社会生活的各个方面，成为主体文化。二是商贸业的发展，特别是海上丝绸之路的出现，奠定了岭南多元一体的经济格局。这是很有特色、很有活力的经济结构，是我国其他地域文化难以比拟的。三是岭南文化开创了对外交流的先河，并一直走在前面，引领时代风骚。四是使岭南成为我国资本主义萌发最早的地区之一，率先由传统社会向近现代社会转型。五是岭南文化率先由传统农业文明向工业文明转换，改变了中国文化发展的路向。过去，我国文化发展路向是按照儒家文化路向前行的，儒家文化本质上是农业文化。明中叶后，随着资本主义因素的出现，岭南文化也出现了许多近代化的文化特征。明中叶前，北方儒家文化向岭南辐射，是农业文化内部的转移，而明中叶后，岭南文化向北方文化辐射，是具有近代文化特征的工业文明向农业文明的转移。此期的精神文化处于最全面、最深刻、最繁荣的发展时期。此期的岭南文化对中国儒释道三大文化支柱都做出重大贡献：葛洪的"神仙论"、慧能的禅宗顿教、白沙的岭南心学。艺术上产生了富有岭南风情的民间歌谣，岭南诗歌和岭南绘画、岭南戏剧以及别具韵味的音乐等都很有成就。

（四）中西文化碰撞

从清中叶至20世纪中叶，中西文化碰撞强烈冲击了传统文化，使岭南文化在近两个世纪的时间里，糅合西方文化精华，多元文化格局发生了质的变化和全面的进步。

这一时期，出现的标志性历史文化事件主要有以下数起。

禁海与开放的系列事件：1655年清廷颁布"禁海令"，严禁沿海船只出海贸易。1684年清廷宣布"开海贸易"，允许四口通商。1757年封闭闽、浙、江三海关，只留粤海关一口通商，这大大促进了广东商业贸易和各业的发展，也促进了岭南文化对外交流和发展。

粤海关的设立和一口通商：清廷宣布开海贸易后，于1685年设立粤海关，准许其管理对外贸易。广州创设洋货十三行，专营"外洋贩来货物"和"出海贸易货物"，并负责粤海关交纳税饷事务。十三行是由官府培植的对外贸易的代理人即官商，充当国内商人与外商的中间人。十三行在当时的历史条件下，为广州对外贸易的发展做出了不可磨

虎门销烟（油画）

灭的贡献，也促进了岭南海洋文化的发展。岭南对外贸易进入重要发展阶段。

虎门销烟、鸦片战争和三元里抗英：1839年6月，林则徐在虎门海滩销毁鸦片，成为第一次鸦片战争的导火线，以签订《广州和约》为终，继而引发广州市郊三元里人民英勇的抗英斗争，奋起反击侵略者，极大地激发了岭南人的爱国主义精神。

维新运动：维新运动早期以广州为中心展开，其代表性思想家有郑观应、容闳、何启、胡礼垣等。他们在政治上反对封建专制，主张实行君主立宪；经济上反对洋务派的"官督商办"，主张民办工商业，发展资本主义；文化上提出倡西学、兴学校；军事上着重"人"和"器"以"防外侮"等主张。后期以康有为创办"万木草堂"培养维新变法人才，研究维新变法理论为中心，在广州先行展开，继而掀起轰轰烈烈的维新运动，改良主义影响深远。

兴中会、同盟会与孙中山活动：孙中山于1894年创立兴中会，继而发动乙未广州起义、惠州三洲田起义等武装斗争。1905年8月同盟会成立，相继在广东发动饶平黄冈起义、惠州七女湖起义、防城起义、钦州马笃山起义、庚戌广州新军起义、辛亥广州黄花岗起义，后来武昌起义一举成功，推翻清廷，结束了两千多年的封建统治。孙中山领导的革命斗争，表现了西方先进文化与中国传统封建文化的剧烈冲突，也表明岭南人民通过吸收先进文化而产生了民间中西融合文化，其势甚锐，为岭南文化的发展开辟了新的道路。

革命派与改良派的论战：这是20世纪初爆发的资产阶级革命派与改良派的激烈论战。广东是双方论战最早、延续时间最长的地区之一，表明中国知识界引进西方文化已到了结合本国实际的实质阶段，并在岭南大地上开出了花。

此期，马克思主义在岭南的传播、中国共产党的建立及其领导的革命运动，也是这一时期重大事件，使岭南文化的发展实现质的飞跃，进入一个新的历史阶段。

中西文化碰撞期内，岭南文化的门类有新的扩展，门类内涵也不断充实和发展。在物质文化上，商品农业发展迅速，手工业和工业、商贸业有飞跃式发展，特别是民族资本主义工商业纷纷涌现，资本主义生产方式已在广东生根。在精神文化上，此期岭南有卓越贡献：政治思想有早期维新思想、康梁变法思想、孙中山旧三民主义和新三民主义的形成等；学术思想有屈大均的文学和史学著作、谢清高的《海录》、梁廷枏的《粤海关志》、容闳的《西学东渐记》、郑观应的商战理论、梁启超的新史学等；教育革命上有万木草堂、广州同文馆、南华医学堂、格致书院等的创办，张之洞兴学、丘逢甲办学等教育思想和方法等；科学上有近代广东第一位科学家邹伯奇对光学、天文学和数学等的贡献，冯如的航空成就和詹天佑的铁路工程技术等；新闻出版上领全国之先，成为我国新闻报刊的发祥地；文学艺术上有岭南诗派、岭南画派等等。

总体来看，在中西文化碰撞期内，"西学东渐"首先在广东发生，岭南文化总体上已经赶上了内地文化发达地区，在许多方面已走在全国前列。岭南文化成为中华文化中富有生机活力和做出突出贡献的一种地域文化，先行步入先进文化行列。特别是鸦片战争以后，中国的重大事件几乎都在这里发生，可以说：岭南文化引领着我国社会历史前进方向。

（五）红色文化兴起

鸦片战争后，中国逐步沦为半殖民地半封建社会，岭南人民开展了一系列轰轰烈烈的救亡图存斗争。林则徐虎门销烟，关天培在虎门炮台抵抗英军侵略；三元里人民举起"平英团"大旗，抗击侵略者；洪秀全发动金田起义，创立太平天国；康有为、梁启超宣传变法，掀起了维新运动。在救亡图存中，岭南涌现出大批贤人志士，出现了许多新思想、新理论、新学派。这些革命运动和先进思想，都是红色革命文化的基础和先声。

孙中山于1905年将兴中会、华兴会、光复会等革命团体，组成中国同盟会，提出"驱除鞑虏，恢复中华，创立民国，平均地权"的纲领，领导了十次武装起义，于1911年推翻了清朝统治，结束了两千多年的封建专制统治，中国历史进入了一个新的发展阶段。1912年1月1日，孙中山就任中华民国临时大总统，开始了新的革命征程，但以1913年"二次革命"的失败而告终。民国初期，孙中山三次在广东建立革命政权，均遭遇挫折，但他仍然坚持革命斗争。1921年，中国共产党成立后，孙中山提出"联俄、联共、扶助农工"三大政策，决定让部分共产党员以个人身份加入国民党，创办黄埔军校等，给中国革命带来了新的希望，也使孙中山开始了一生最伟大的转变。孙中山的革命业绩和三民主义理论，在中国红色革命文化的产生和发展史上留下了浓墨重彩的一笔。

中国红色革命文化的产生和发展，最为关键的无疑是马克思主义在中国的传播和中国共产党的领导。早在20世纪初叶，无论是以孙中山为代表的资产阶级革命派，还是以康有为、梁启超为代表的资产阶级改良派，在学习西方的过程中，已接触到欧洲的社会主义思潮。1902年，梁启超发表的《进化论革命者颉德之学说》一文中就提到"麦喀士（即马克思），日耳曼帝国社会主义之泰斗也"。1905年，朱执信发表的《德意志社会革命家小传》，也简要地介绍了马克思、恩格斯的生平及《共产党宣言》《资本论》等著作的要点，这些是五四运动前岭南人最早介绍马克思、恩格斯其人和著作。但是，他们对马克思主义的许多基本原理并没有真正理解，而宣传和学习马克思主义思想的真正出现，是在五四运动之后。

陈独秀在主持广东省教育委员会工作期间，对宣传马克思主义做了大量工作。他采用公开演讲、发表文章、创办刊物、建立学校团体等方式，向广东人民群众宣传马克思主义，为马克思主义在广东的广泛传播以及马克思主义的中国化做了重要贡献。陈独秀利用《广东群报》（谭平山等人于1920年创办）的宣传平台，在广东宣传新文化、新思想，建立了中共广东党组织，号召各地组建支部。李大钊在《新青年》杂志出版《马克思主义研究专号》，传播马克思主义，他高度评价革命先驱杨匏安传播马克思主义的重大作用。香山人杨匏安早期游学国外，1916

杨匏安是华南传播马克思主义第一人

年回国后发表了大量关于马克思主义和社会主义的文章，为宣传马克思主义做出巨大贡献，与李大钊并称"南杨北李"。新会人容伯挺主持的《广东中华新报》，是岭南地区宣传新思想的一份进步刊物，副刊上的"世界学说"专题专为介绍各国的新思潮和先进的科学知识而设。理论界认为，《广东中华新报》的文章远远超过当时国内不少名流学者的见识。林伯渠两次到广州和容伯挺会面，对容伯挺和《广东中华新报》都赞誉有加。容伯挺思想开放，有独立思想，办报时广泛招纳贤士，其中以杨匏安、黄冷观二人最具影响力，使《广东中华新报》成为当时广东最具规模和影响力的大报。马克思主义学说的传播引起了孙中山的重视，对他后来"联俄、联共、扶助农工"思想和国共合作的开展有着重要影响。

新思潮传播的主要代表人物还有谭平山。谭平山，广东高明人，广州共产主义小组主要创始人之一，陈独秀的学生。1917—1920年在北京大学读书时，受陈独秀、李大钊等人的思想影响，积极参加五四运动。1919年5月，他在北大宣传新思潮的刊物《新潮》杂志上发表《"德谟克拉西"之四面谈》的政论文章，具体介绍了马克思、恩格斯的《共产党宣言》这篇科学巨著。1920年夏，他回到广州，分别在广东高等师范学校、公立法政学校和省立甲种工业专科学校任教，这正是广州积极响应五四运动大力开展活动的三所学校。10月，他和陈公博、谭植棠共同创办了《广东群报》，不久又出版了《劳动与妇女》。这些读物大力介绍俄国十月革命的情况及经验，宣传社会主义新思潮。《广东群报》除了连载《马克思的一生及其事业》《列宁传》和列宁有关实行新经济政策的演讲、《俄国共产党的历史》、《加入第三国际的条件》以及李大钊的《马克思的经济学说》、瞿秋白的莫斯科长篇通讯《共产主义之人间化》等以外，还发表了陈独秀与区声白论战的来往书信，在"评论专栏"中，连续28天刊载编辑部评论文章《共产主义与无政府主义及议会派之比较》。这篇反映谭平山等人建党思想和政治观点的长文，阐明了马克思主义关于无产阶级专政的基本原理，批判了无政府主义的错误思想。所有这些，均对广州共产主义小组的建立起了促进作用。广州共产主义小组成立后，《广东群报》便成了它的机关刊物。

中国共产党成立后领导岭南人民进行了一系列革命斗争，工人运动、农民运动、学生运动等革命斗争风起云涌，香港海员罢工、海陆丰农民运动、五卅运动、省港大罢工、北伐战争、广州起义等相继发生。在抗日战争中，岭南人民在党的领导下，奋起反抗日本侵略者，东江纵队、珠江纵队、海南游击队等坚持敌后斗争，给日寇以沉重打击。解放战争时期，广东人民积极支持解放战争，反对蒋介石专制统治，为全国解放做出积极贡献。我们党的许多领导人，毛泽东、周恩来、邓小平、彭湃、陈延年、张太雷、萧楚女、恽代英、叶挺、叶剑英、聂荣臻、廖承志等，领导岭南人民进行一场又一场的革命斗争。

红星照耀岭南大地，让这里闪烁着璀璨辉煌而又不可磨灭的光辉。岭南见证了中国共产党从新生到大革命、土地革命，再到抗日战争、解放战争等革命斗争的全过程。一大批革命先烈都在这里战斗过，千千万万岭南优秀儿女在这里抛头颅、洒热血，留下了光照千秋的革命历史和革命精神。

（六）历史发展特色

岭南文化的历史发展，既遵循了人类文化发展的一般规律，又有自己特殊的发展道路，特色明显，个性鲜明，显示出它与我国其他地域文化发展的不同路向，其历史发展的主要特点表现在历史轨迹、历史超越、历史动力的三个方面上。

1. 历史轨迹——自成体系的自然历史过程

岭南历史悠久，早在10多万年前，我们的祖先就在岭南这块土地上生息、劳动、繁衍，创造远古文化。岭南文化是一种原生型的地域文化，它在产生和发展中尽管受到中原文化和海外文化的影响，但其

"根"一直延续，其原生性的特征、自成体系的特征始终非常鲜明，就是今天，岭南文化的原生特点也很突出，还有"土"味。

岭南文化的发展经历了独立发展期、百越文化圈期、汉越文化融合期、中西文化碰撞期、走向现代化时期五个历史时期。在这发展过程中，岭南文化虽然被汉化，融入中华民族文化中来，但其本根文化的根基未被根本动摇，岭南文化未被完全"融化""消化"，而是在融合中，呈现出更加鲜明的多元性和岭南特色，保持与我国其他地域文化不同的个性。在中西文化碰撞中，岭南文化受到了较大冲击，但岭南文化亦未被全盘西化，其本根文化一直存在，并得到发展，将西方文化糅合在自己多元一体文化格局之中，丰富了自己。

它的本根原生特性，贯穿整个历史发展过程，呈现出一条自然发展的历史链条。其历史轨迹，凸现出岭南文化发展的如下特征。

根植岭南：岭南文化的"根"，一直根植岭南。其本根性、原生性和"土味"一直存在。

相对独立：岭南文化在发展中，尽管同各种文化碰撞交融，但没有

江门春耕景象（来源：视觉中国）

完全被"融化"，相反"强化"了自己，较好地保持了自己的本质和特色，比较独立自主地发展。

自成体系：由于"根"在，相对独立，岭南文化的发展总是围绕着自身的本质和核心进行，体系比较完整，自为一体。

发展不断：尽管受到各种文化，特别是西方文化的冲击，但岭南文化的发展链条从未中断。就是在受西方殖民统治多年的香港、澳门，其发展也没有中断，而是呈现出比较自然的历史过程。其文化特色也一以贯之，随着历史发展而自然延伸。

岭南文化出现这些历史发展特点，原因诸多，主要受到地理环境、经济基础和政治条件的制约和影响。

在地理环境上，相对封闭的地理环境有利于形成和发展地域的本根文化，保持其相对独立的体系。岭南地处我国南疆边陲，北隔五岭，南阻大海，交通不便。在古代，岭南要与外界联系，绝非易事。这种相对封闭的地理环境，有利于地域文化的土生土长，有利于本根文化的孕育、产生和发展。

在经济基础上，多元一体的物质生产格局，为岭南文化的发展提供坚实基础。相对于我国其他地区来说，古代岭南地区的物质生产有自己的特色：一是物质生产呈多元一体化的格局，农业、渔业并存。二是物质生产开放度高，自汉代以来，岭南一直是我国对外交流的通道，商业贸易非常发达，长盛不衰。三是物质生产兼收众长，益于创新。古代中国盛行"重农抑商""重农全农"，单一经营，而岭南却是"重农不抑商""重农兼商"，多种经营，全面发展。经济是社会基础，物质生产方式是人类社会存在和发展的前提，它决定上层建筑和意识形态。岭南地区的经济社会发展状况，对岭南的思想文化的发展有着决定性意义。岭南文化的重商、务实、多元、开放、兼容、创新等特征，都根源于岭南的物质生产。

在政治生活方面，远离政治中心，为岭南文化的发展提供了宽松的政治环境。政治对文化有重大影响，但由于我国发展的不平衡性、地区的差异性、政治与文化关系的相对性，政治对文化的影响在不同地区和同一地区的不同历史时期，有着不同的程度、内容、形式。古代岭南由于开发较晚，经济社会落后，又居在南方边陲，处于我国的边缘地位，可谓山高皇帝远，受政治影响较轻，受束缚较少，自由度较高，发展空间较大，"自选"机会较多。这就为岭南文化的自主、自由、自在的发展提供了很好的环境，有利于岭南文化保持自己的个性和特色，沿着自己的发展轨迹前进。

岭南文化原生性、相对独立、自成体系的特点，在岭南地区非常突出，即使在被长时间殖民统治的香港、澳门也很鲜明。诸如港澳地区的民系文化、饮食文化、宗族文化就很鲜明。可见，面对西方文化的汹涌而来，岭南文化坚毅，其根没有被动摇，更没有被西化，而是始终保持自己发展的路向和个性。相反，西方文化被吸收成为岭南文化的组成部分，充分显示了岭南文化的强大生命力和广纳百川的兼容精神。

2. 历史超越——率先实现文化转型

岭南开发较晚，是我国古代著名的"蛮夷"之地、"罪官流放"之所，经济社会比较落后。但岭南开发后，发展较快，后来居上，特别是明朝中叶后，萌发了资本主义生产因素，率先开始经济社会转型，走在我国经济社会发展的前列。岭南经济社会的发展，由落后跃为先进，实现历史超越，并一直走在前面，引领时代风骚，这是岭南文化历史发展的又一特点。

在明代中叶前，岭南比较落后，处于边缘地位，岭南文化接受北方文化的辐射、影响、潜移，使尚不发达的岭南农业文化转化为较发达的农业文化。但岭南文化也有对北方文化产生很大影响，其主要贡献是：对岭南乃至全国的经济社会发展起着积极推动作用，特别是其多元一体的经济格局对我国经济社会的发展产生广泛而深刻的影响；积极吸收我国其他地域文化的成果，特别是吸收中原文化成果，有利于中华民族文化的融合和发展，促进了我国各民族的团结和国家的统一；积极沟通与外国的联系，是我国对外开放的通道与桥梁，有利于中国文化与外国文化的交流，促进文化发展和社会进步。

在唐代中叶之后，我国经济社会发展的重心逐渐南移，岭南文化逐渐走出边缘地带，有很大的发展。

首先，促进中国传统文化向近现代文化转变。文化发展路向问题，是文化发展的一个根本问题。它不仅涉及文化从何而来，更为重要的是关系到文化往哪儿去。中国古代传统文化主要是沿着儒家文化发展的轨迹前行，岭南文化在发展中由于地理环境和历史传统的影响，有远儒的一面，受儒家文化影响较轻，但其发展的路向，基本上还是儒家文化发展之路。儒家文化本质上是一种农业文化，是农业社会的产物，适应于农业社会。两千年来，儒学做出了很大贡献，但有其历史局限性，随着我国经济社会的转型，包括儒家在内的文化也要实现文化转型。这一历史任务，是由岭南等一些率先发展的地区完成的。明代中叶后，岭南地区随着经济社会的转型，其文化也跟随转型；随着新的资本主义经济因素的萌发，出现了许多新的文化因素，诸如它的人文性、启蒙性、主体性、平民性、现代性等思想，冲破了儒学的藩篱，开始偏离儒家发展轨道，逐渐改变了中国传统文化的发展路向，率先由古代文化向近现代文化转向和发展，既有力地促进了我国经济社会的转型和发展，也有力地推动了中国传统文化的转型和发展。

其次，促进经济社会转型，率先由传统社会向近现代社会转变。我国是一个有悠久历史的文明古国，又是古代的农业大国。当时，我国发展较快，农业发达，走在世界前列。我国的农业首先在北方发展，北方是我国最早发展农业的地区，也是我国古代农业最发达最完善的地区，农业文明著称于世，其社会是我国最典型的以农业为基础的自给自足的传统社会，本该最早萌发资本主义生产因素，实现经济社会转型。但由于历史局限，特别是"重农抑商""重农全农"等文化因素的影响，使北方长期固守在农业社会中，未能率先实现由传统社会向近现代社会的转变。岭南地区开发后，形成了物质生产多元一体的经济格局，经济社会有了长足的进步。到了明代中叶后，珠江三角洲一带，农业、手工业、商业、交通运输业、工业等都有很大发展，城镇众多，经济繁荣，物质丰富，交通发达，市场活跃，生活富裕。广州成为我国对外贸易的中心，浙商、徽商、晋商、闽商争先"走广"，"天下富商聚焉"。随着商品经济的发展，岭南地区在经济、政治、文化和社会的各个领域先后出现了近现代社会的特征，岭南率先由传统社会向近现代社会转变。

一言以蔽之，岭南是我国率先由传统社会向近现代社会转型的地区之一，而且在转型中一直走在我国经济社会发展的前面，特别是近代。鸦片战争后，中国逐步沦为半殖民地半封建社会。中国向何处去的问题，成为中国近代社会的中心问题。为了回答和解决这一中心问题，岭南涌现出洪秀全、洪仁玕、康有为、梁启超、孙中山等大批先进人物和思想家，出现了许多新思想、新理论、新学派，进行了一系列的斗争和革新、革命活动。这一历史时期，我国出现的重大事件，许多都在岭南发生，走在我国前列的岭南，推动着历史的前进。

3. 历史动力——开放、兼容、创新

历史发展动力问题，是历史发展的一个重要问题。它所回答的问题是，历史何以产生和发展，其力量从何而来，以何种形态、方式推动历史前进。不同事物和同一事物在不同的时空中，发展动力不尽相同。岭南文化发展的个性，决定了其发展动力的个性。岭南文化发展动力，有别于我国其他地域文化的发展动力，个性鲜明，这也是岭南文化历史发展的又一特点。

岭南文化的发展动力，来自岭南自身。这股动力不是单一的，而是一个动力体系。所谓动力体系，是指推动事物前进的各种力量构成的相互联系、相互作用的有机整体。岭南文化作为一种文化形态，其发展动力具有一般文化发展动力的普遍性，但作为一种地域文化，深受其地理

环境和历史传统的影响，深深打上地域和历史的烙印，呈现出其独特的形态、内容、形式，其发展动力无疑有特殊性。岭南文化发展的动力体系内容丰富，很有个性，集中表现为开放、兼容、创新，这是岭南文化历史发展与我国其他地域文化历史发展的重大区别。

（1）文化开放

这是文化发展的一大动力。岭南文化是我国开放最早、开放最深、开放最广的地域文化。首先是面向海洋的开放态势。岭南北枕五岭，南临大海。海洋给岭南带来巨大的开放优势。岭南面向海洋的自然环境，必然是"窗棂之下，易感风霜"，形成一种开放的文化心态。这种"天然"开放的环境，有利于形成海洋文化，促进文化开放和发展。其次是多元一体经济的开放格局。岭南以农为本，但它"重农兼商""重农不全农"，多种经营，多元发展，物质生产开放度高，呈现出经济开放的一种态势。再次是历史悠久的开放传统。岭南是我国最早对外开放地区之一。自汉代以来，岭南一直是我国对外交流的通道，广州一直是我国对外贸易的中心，两千年来，长盛不衰。对外开放的悠久历史，深深地沉淀为一种开放文化，形成了推动对外开放的一种力量。最后是远离中心的开放环境。古代中国，政治中心、文化中心在北方，岭南居于边陲，处于边缘化地位，受政治束缚和文化影响较轻，思想和行动的自由度较高，这样的思想政治环境，有利于文化交流，促进文化开放，推动文化发展。

（2）文化兼容

文化发展不是单一文化要素形态孤立地进行的，而是多种文化要素形态相互作用、相互碰撞和兼容的结果。岭南文化的开放，必然导致岭南文化的兼容。岭南文化的产生和发展，就是岭南文化和其他文化的多种要素、多种成分、多种形态兼容的产物。岭南文化的兼容在岭南文化发展的过程中时时处处可见。在时间序列上，兼容一直伴随岭南文化的产生和发展，贯穿整个历史过程。在独立发展期，岭南文化的兼容，主要是本根文化自身要素的兼容。在百越文化圈期，岭南文化的兼容，主要是岭南土著越文化与其他地区的百越文化，特别是荆楚文化的兼容。在越汉文化融合期，岭南文化的兼容，表现为越文化融入汉文化，岭南文化基本被汉化，成为中华民族文化的一部分。在中西文化碰撞期，岭南文化的兼容，是岭南文化与我国其他地域文化、中华文化、外国文化的兼容，岭南文化从我国其他文化，特别是从外国文化中吸收营养，丰富自己，发展自己。岭南文化的兼容，覆盖了岭南文化的各个方面，物质文化、制度文化、精神文化，无不在文化的兼容中得到发展。特别要看到，岭南文化不仅敢于、善于与同质的文化兼容，而且敢于、善于与异质文化兼容，体现了岭南文化的胸怀、气度、担当和强大的生命力。岭南文化在兼容中，有三个事情必须提及：一是我国历史上的四大移民高潮，对岭南文化发展产生重大影响。社会的大移民，是文化的大流动、文化的大兼容、文化的大发展。岭南文化的繁荣与发展，同我国的几次大移民有着密切的关系。二是"罪官"流放岭南。古代的岭南是"罪官"流放之地，这些"罪官"多数是知识分子，仁人志士，学问大，阅历深，有知识，见识广。这些人带来先进技术和科学文化，对岭南文化的兼容和发展起着很大作用。三是"西学东渐"。在古代，外国文化较早传入岭南。鸦片战争后，西方列强打开了中国大门，岭南成为外国资本侵华的通道和前沿，也成为中西文化碰撞、交融和发展的前沿。"西学东渐"首先在广东发生，广东成为向西方学习、寻找救国救民之道的近代思想策源地，有力地促进了中西文化交流，促进了岭南文化的发展，也促进了中国近现代文化的形成和发展。

（3）文化创新

文化创新是文化发展的强大动力。文化的发展，特别是质的飞跃，都是在文化创新中实现的。岭南文化就是在不断的兼容中，实现文化的不断创新。这种创新是多方面的，无论物质文化层面，还是制度文化层面、精神文化层面，岭南文化都有许多创新，诸如：在古代，多元一体的物质生产格局，一年三熟的水稻农耕技术，"水果王国"的种植工艺，桑基鱼塘的经营方式，干栏、围屋、骑楼的建筑风格，"食在广州"的饮食文化，"铁莫良于广铁"的美誉，广绣、广钟、广雕等广货名扬海内外。到了近代，岭南物质生产，创造了我国许多的第一，第一部照相机、第一架飞机、第一条铁路、第一家医院、第一家报馆……都是岭南的创造、创新。至于精神文化的创新，有许多亮点，慧能创新佛教哲学，实现了佛教的中国化和平民化，在佛教发展史上有划时代的意义。陈献章创立的岭南心学，改变了中国传统文化的发展路向，率先由传统文化向近现代文化转变，引领时代风骚。孙中山创立的革命哲学，为我国资产阶级民主革命奠定了理论基础，提供了思想武器，有力地促进了我国资产阶级民主革命的发展。这三大哲学思想的创立，是岭南文化创新的典范，为岭南文化历史哲学留下了浓墨重彩的一笔，在中国思想文化史上产生重大而深刻的影响。

开放、兼容、创新是岭南文化发展的根本动力，除外还有其他的发展动力。它们相互联系，相互促进，共同构成了岭南文化发展的"总的合力"的动力体系，有力地推动岭南文化的发展。

四、远古文化遗存

人类的产生和发展是一个漫长的历史过程。人类的起源地不是单元的，而是多元的。岭南地区也属人类起源地之一。岭南人在珠江流域，与分别在长江流域、黄河流域的先民一起，共同创造了辉煌灿烂的中华文化。

（一）岭南人的始祖

世界上最原始的人类称为"猿人"，其社会组织形式是原始群。"猿人"生活在距今几十万年前的遥远的古代。由于他们在劳动中学会了制造和使用工具，从而与其他动物有了本质的区别，成为人类祖先。人类最初使用的工具，主要是用石块打制的有刃石器和利用木棒加工的木制工具，还有一些用兽骨制作的工具。使用打制石器的时代称为旧石器时代，从距今300万年开始，延续到1万年左右，使用磨制石器的时代是新石器时代，从距今1万多年前开始，结束时间从距今5000多年至2000多年。

考古发现，我国已发现许多旧石器时代猿人的化石，如"元谋猿人""蓝田猿人""北京猿人"等。

1973年至1989年，考古发现了百色旧石器遗址，经科学测定年龄为80万年。这说明了岭南很早以前就有人类的始祖活动。2013年，考古发现了云浮市郁南县的磨刀山遗址，发掘出土各类石制品300余件，石制品种类丰富，有石料、石核、石片、石器、断块与碎屑等，石器类型有手斧、手镐、砍砸器与刮削器等。这些发现将岭南人类活动史推至"北京猿人"时代。

1956年秋，广西柳城县楞寨山的岩洞中，发现了经鉴定后为巨猿下颌骨的化石。考古工作者先后在这个岩洞里发掘了3个巨猿下颌骨和1000多枚巨猿牙齿，以及大量伴生动物骨骼化石。此外，广西的牛睡山黑洞中发现了3颗巨猿牙齿，广西武鸣县的步拉利山洞发现12颗巨猿牙齿，广西巴马县的弄莫溶洞中也发现一颗巨猿牙齿。这些巨猿生活在

磨刀山遗址被评为"2014年度全国十大考古新发现"

距今200万到300万年，属于从猿到人的过渡阶段，比较接近于第一阶段的人类。

根据石器打制技术，旧石器时代分为早、中、晚三时期。旧石器时代中期大约距今4万年到20万年，此期人类称为"古人"。"峒中岩人""马坝人""柳江人""长阳人""丁村人"都属于"古人"。

峒中岩位于广东封开县渔涝镇河儿口村北面，洞口相对高程15米。考古年代为旧石器时代中期，在峒中岩发掘出土的3颗人牙化石经测定距今约14.8万年，为早期智人，比曲江马坝人早约2万年。

1958年在广东曲江县马坝镇西南的狮子岩狮头洞穴里，发现了一个人类头盖骨和19种动物化石。马坝人头骨计有额骨、部分顶骨、大部分的右眼眶和鼻骨，属于中年男性个体。脑容量估计1225毫升。这具头骨的一系列特征都介于猿人与现代人之间而与一般的"古人"相似。马坝人虽比北京猿人进步，但与北京猿人有密切的亲缘关系，它属于"古人"的早期类型，其生活的年代，经测定为距今12.9万年左右，属于晚更新世早一阶段。1984年，考古人士在清理原马坝人化石地点搬出的地层淤泥中，发现了两件砾石打制石器。一件为长条形砍砸器，另一件为扁圆形砍砾器，同时出土的还有一批古动物化石。如果这两件打制石器确系与马坝人同时，就将岭南使用石器的年代推前至旧石器时代中期。从这些石器以及岭南的地理和气候条件分析，当时马坝人的主要谋生方式以渔猎为主。年代相去不远的山西汾河下游丁村文化遗址，则发现3.2万多件石器工具，各有不同用途，形状多样，说明丁村人石器文化和狩猎文化发达，目前没有证据证明马坝人达到这样的发展水平。

距今约4万年，我国"古人"演进到"新人"（亦称晚期智人）阶段。现今发现的柳江人、资阳人、山顶洞人及灵山人，都属于"新人"。"新人"在体态上接近现代人，所使用的石器和骨角蚌器，已比前一阶段有很大进步。"新人"已从流动分散的原始群体转变为比较固定而持久的群体，婚姻关系也已转变为族外群婚，原始氏族公社开始形成。

1958年，在广西柳江县新兴农场的通天岩，发现了"柳江人"遗骨化石。柳江人的头盖骨，经过复原程序后，发现其特征是面部低矮、塌鼻梁、颧骨较高、下巴微凸，与现代人比较接近。在广西，除了柳江人之外，还发现许多旧石器时代晚期的人类化石和生活痕迹。如来宾县麒麟山人，柳州白莲洞一枚齿冠完整的人类牙齿化石，柳州九头山洞穴的一枚智人牙齿化石，柳州甘前岩7枚属于5个性别不同的智人牙齿化石，同时还有不少伴生的动物遗骨化石。桂林市宝积山、穿山月岩的东洞和百色的上洞村、田东县的新洲、崇左县的矮洞等，都发现有旧石器时代晚期的遗物。1960年在广东灵山县（现属广西）城郊的东胜岩、葡地岩、洪窟等溶洞中，发现了属于四五个个体的人类化石，称为"灵山人"，与柳江人接近。洞穴内有炭屑、灰烬、烧土和烧骨等，说明当时已懂得人工取火和用火烧熟食物。

2003年春，香港西贡发现黄地峒遗址。在黄地峒附近海边沙土表层找到大量石器毛坯。这是距今3.5万—3.9万年的旧石器时代晚期的石器制造场，南北长约400米，东西宽100多米，一直由山坡延伸到海滩，迄今已出土了6000多件器物。所有的石器均为两侧往中间方向剥片，这是香港乃至珠江三角洲从来没发现过的原始打击石器。以往一般认为香港有人类活动的时间始于6000多年前，黄地峒遗址的发现令香港有人类活动的历史一下推前了3万多年。此次发现的石器制造场范围大、石器密度高以及加工技术全面，其意义远不止于对香港历史的追溯，更重要的是在于为岭南文化的起源研究提供了实物证据。从目前考古成果来看，岭南地区可能是现代华人的发源地之一。

旧石器时代大量的岭南文化遗存的发现，说明岭南先民早就在岭南这块土地上生衍、劳作，创造岭南历史，具有深刻的文化意义。一是旧石器时代，岭南先民已经在五岭到南海边的广大土地上繁衍生息，开始创造具有地域特色的岭南远古文化。这足以证明，岭南文化有自己独特的发展源流，自成体系，岭南远古文化是岭南本根文化的源头。它与岭北的长江、黄河流域各文化之间并不存在先后或继承的关系。岭南先民是岭南本根文化的创造者、奠基人。二是岭南远古文化已经显示出一定的地域特色。与中原地区相比，岭南有着更加适合人类生存的自然条件，丰富的动植物资源唾手可得，难以产生创造的动机，这使岭南工具的使用比中原落后许多。在生存方式上，种植、采集与渔猎同时并存，多元文化一并显现，但岭南人更注重渔猎，渔猎文化构成岭南远古文化的一大特色，影响了石器工具的制作工艺和岭南人的发展方向。三是高山大海的隔阻和相对封闭的生活空间，是延缓岭南先人文化进步的重要因素，也是岭南本根文化得以形成、自成体系、颇有特色的重要因素。

（二）母系氏族社会

人类在距今1万年左右，进入新石器时代，其典型的时代特征是大量烧制陶器和制造磨制的石器工具。这一时期，原来以采集为主的地区发明了原始农业，原来以狩猎为主的地区发明了原始畜牧业，人类的生存能力大为提高。居住在岭南地区的原始先民，由于居息地独特的地理结构，而创造了三种不同种类的文化，即洞穴、贝丘和台地文化。

岭南的西部和北部地区岩溶地貌十分典型，有许多石灰岩天然溶洞。在众多的溶洞中，原始先民们选择了那些平坦宽敞、干燥避风、光线充足的山洞作为居所。岭南这类洞穴遗址很多，如桂林甑皮岩、英德青塘洞穴群、罗定同清洞、阳春独石仔、马坝狮子岩、柳州白莲洞等。

在阳春独石仔洞穴遗址下层，发现大量打制的砍砸器、刮削器、石锤、石砧，少量凿打成孔的穿孔石器以及骨角器，未见有磨制石器。其上层仍以打制石器为主，还有凿打后加磨穿孔而成的穿孔石器、骨角器、蚌器，磨制石器很少，没有陶片。

青塘遗址：英德青塘洞穴群的文化遗存最早可能属于新石器时代较早阶段，代表了以渔猎为主的生活方式。

顶蛳山遗址：南宁顶蛳山遗址中，发掘出新石器时代的大量墓葬，出土大批石器、陶器等文物。考古界把该遗址第二、第三期为代表的，集中分布在广西南宁及其附近地区以贝丘为主要特征的文化遗址命名为"顶蛳山文化"。

鲤鱼墩遗址：1983年文物普查时发掘，位于遂溪县江洪镇东边角村东南。在遗址生活的鲤鱼墩人，活动轨迹可追溯到距今8000年前的新石器时代早期。发掘出土的鲤鱼墩人类头骨，是继曲江马坝人、封开硐中岩人之后，广东出土的第三个原始人头骨。

鲤鱼嘴遗址：柳州大龙潭鲤鱼嘴贝丘遗址1981年出土了6具人类骨骸和一些磨制石器和棒器。二次发掘发现了距今最早2万年、最晚6000年的文化遗存。

革新桥新石器时代遗址：2002年广西考古工作者在百色革新桥发现一处岭南保存最完好的新石器时代遗址，发掘发现一个面积超过500平方米的新石器时代的石器加工场，出土文物3万多件，是目前我国发现的面积最大的新石器时代石器加工场。同时还发现一处保存完好的新石器时代墓葬。

甑皮岩遗址：岭南地区新石器文化洞穴遗址当中较为发达的是广西桂林的甑皮岩洞穴遗址。在其第三层新石器时代文化层里，发现了许多陶器，证明甑皮岩较单纯的夹砂陶遗存进步。陶器主要是夹粗、细砂的红陶、灰陶，烧成温度约680℃。其中最多的是罐类，其次是釜、钵、瓮，还有少数三足器。打制和磨制的石器工具约各占半数，骨鱼镖、骨镞和石矛等渔猎工具都有发现。文化层中夹有25种数千件之多的哺乳动物碎骨，家畜仅猪一种，饲养期多数在一岁半左右，还有鱼、龟、鳖和螺蚌类介壳。

这些发现，为我们提示了当时岭南人的生活模式：打制石器和磨制石器并存，反映岭南人正处于从旧石器时代向新石器时代过渡的阶段。陶器已经出现，品种数量较多，但制作较简单，说明此时新石器文化处于初始阶段。野生动物和家畜以及鱼类遗迹的发现，说明岭南人主要从事狩猎、捕捞、采集和饲养等活动，种植业还不是很普遍。

西樵山文化：西樵山文化是指在西樵山发现的遗址群，以及围绕西樵山分布在珠江三角洲使用西樵山式双肩石器的一批贝丘遗址。1955年起，经过多次调查考察，先在山麓发现有先民遗物的地点14处，其后又在山上找到数处有石器的地点，发现了以细石器为特点的文化遗存，特别是发现了当时人工开采石料所形成的7个洞穴。西樵山石器包括两个不同特点和风格的石器类型。一是以小石核、石片石器为特征的细石器，主要包括石核、石核石器、小石片、石片石器等。石核种类很多，有楔状、锥状、多面体、带把等；石片石器包括尖状器、各类刮削器、雕刻器、石镞等。二是以双肩石器为特征的打制、磨制石器。双肩石器类型的主要组合有：以双肩为特点的石锛、石斧、石铲、石切割器、长身石斧、石凿、石锤、石锄、砍砸器、圆盘切割器、尖状器、刮削器等。石器以打制为主，也有少量精致的磨制石器。这些特点使人们推论它是珠江三角洲当时的大型石器开采制造场。其年代，部分遗存上限可能到中石器时代，下限至新石器时代末期或更晚。这对全岭南地区整个新石器时代的农耕渔猎文化产生了深远的影响，形成了岭南地区颇有特色的双肩石器文化。

　　咸头岭文化：咸头岭遗址位于大鹏镇咸头岭村的海边沙堤上。遗址面积13000平方米，文化层厚40—60厘米。1981年发现，1985年、1989年、1997年三次发掘1241平方米，出土了大量的陶制生活用具，锛、斧、凿、铲、刀等磨制石器74件，以及16件打制石器和98件天然工具。咸头岭发现了距今6000年的大量夹砂陶和彩陶，上面压印的花纹，在岭南考古史上都是罕见的，复杂精致得让人惊叹。咸头岭遗址的文化面貌在珠江三角洲新石器时代中期沙丘文化遗址中具有代表性，从而被命名为"咸头岭文化"，在全国同时代文化中享有一席之地。咸头岭是珠江新石器时代中期文化内涵最为丰富、文化特征明显的典型遗址，该遗址是环珠江口彩陶、白陶的发源地，其史前文化遗存的典型器物在各期遗址中的演变脉络清晰。

　　大约一二万年以前，岭南的母系氏族公社逐步得到发展。氏族以血缘关系作为纽带组织起来，同一祖母生下若干后代，就是一个母系氏族公社。组成这个公社的成员地位平等，他们集体劳动，互助合作，平均分配。由于妇女在氏族生活中起着核心的作用，也由于采取在氏族之外实行的同辈男女的群婚制，人们只知其母，不知其父，所以形成了以女子为中心的母系氏族社会。大约五六千年以前，岭南地区的母系氏族社会进入繁荣的阶段，这与当时农业、饲养业、制陶业的发展有很大的关系。

　　岭南母系氏族公社的繁荣阶段有三个显著特点：一是贝丘遗址文化相当丰富。广东的韩江三角洲、珠江三角洲和港澳沿海地区、广西南宁的豹子头、防城的亚菩山、马兰嘴山、杯较山等地方，都发现了贝丘遗址，出土了大量石器。死者就埋在其中，一般不挖墓穴而用贝壳掩盖。澄海的内底村贝丘遗址面积达数万平方米，文化层达数米厚，堆积大量海生介壳类，出土30多件磨制精细的骨镞和骨镖渔猎工具。陈桥村出土大量的猪、牛、鹿等骨骼，还有大量人们食后遗弃的鱼、鳖、蚝、蚶、蛤、螺壳等。还发现不少人骨上染着红色赤铁矿粉，反映了灵魂不灭的观念和对人类自身的反思。从一二米厚堆积的贝丘遗址看，当时已出现定居部落，这是人类利用自然的又一大进步。二是石器制作水平的提高。除了大型砍斫器、敲砸器之外，用来敲取海边牡蛎的"蚝蛎喙"是一种有特色的大型石器，在防城的贝丘文化遗址中就发现很多，占遗址出土石器工具40%—50%。当时磨光石器的种类和数量不断增多，主要种类有矩形和双肩型的石斧、石锛，还有凿、锄和铲。此外，骨角蚌蚝质料的生产工具在贝丘遗址中也有一定比例。三是制陶工艺的发展。陶器的种类和数量都有增加，表明生产力有了提高。彩陶在仰韶文化、大汶口文化等中都存在。岭南彩陶有自己的特点，如花纹图案主要是几何形线条，有宽带状条彩、勾连云纹中间加上圆点纹等，没发现动植物和人物的纹样。四是以物易物的贸易出现。珠江三角洲与港澳等地出土彩陶盘，在器形、花纹图案上有着很大的相似性，还有其他绳纹、刻划纹圜底陶釜、陶钵等，都有许多相似之处。在广西内陆的宁明、武鸣、崇左等地遗址中，发现了作为装饰品的海贝，应是从海边交换来的。这就说明，当时氏族部族之间联系加强，母系氏族公社已日益繁荣，为过渡到父系氏族公社准备了条件。

（三）父系氏族社会

5000年前，黄河、长江一带的社区，由母系氏族社会进入父系氏族社会。岭南地区率先进入父系氏族社会的是粤北、粤中地区，时间在4500年前，比黄河、长江地区晚了500年。在岭南地区发现了大量新石器时代晚期父系氏族阶段的遗址，仅广东就有遗址三四百处，墓葬278座，陶窑遗迹20多处（座），以及数以万计的各种器物。在一些遗址中发现了陶祖——男性生殖器陶塑，反映了当时以男子为中心的观念，是父权制业已确立的物证。

曲江石峡遗址是目前发现的岭南地区重要的新石器时代晚期遗址，属于山坡台地类型。石峡遗址出土的大量石器农具证明，此时期岭南的原始农业已有较大发展，初具规模。石器农具主要有镬、铲、锛、凿、镰等，多通体磨光。石镬为长身弓背，两端有刃，一宽一窄，最长的达31厘米，是适于华南红壤区挖土深翻的利器。石铲均穿孔，扁平长身梯形或长方形。石锛分长身锛、梯形锛、有段锛和有肩锛四种。此外还发现不少栽培稻实物，已碳化的米粒、稻谷和稻壳等，散见于墓葬、窖穴、砌灶的泥巴和烧土块中。经鉴定属于栽培稻籼型稻、粳型稻两种，以籼稻为主。这说明岭南地区存在着历史相当悠久的稻作文明。

这时期的制陶业也相当发达。石峡遗址发现大量陶器，如盘鼎、盆鼎、釜、圈足盘、三足盘、杯等。陶器的造型以三足器和圈足器为主，其纹饰有绳纹、漩纹、方格纹、曲折纹、云雷纹等十多种。这个时期制作陶器已经开始使用陶轮。陶器表面装饰的各种花纹已使用了陶拍。石峡遗址出土一片泥质陶罐的残件，其上部拍印曲折纹，下部拍印有五个女子手拉手在跳舞的生动场面。这是广东新石器时代末期印纹陶器上唯一有人物造型的陶制工艺品。

除制陶技术进步外，石器制作工艺更加精致。石峡文化遗存出土了数百件完整的石锛、斧、凿、穿孔石铲（斧）和石钺，以及多达四五百件的石箭头，还出土了一批经过钻孔、磨光、精雕细琢的石琮、璧、环、璜、玦和笄簪、坠饰。这些高水平的器物的出土，说明了当时物质生活水平的提高。

石峡遗址下层清理出的64座墓葬和大量遗物，集中反映石峡文化的内涵和特征。如所有墓葬都有一定数量的随葬品，墓坑四壁经过烧烤，

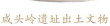
咸头岭遗址出土文物

死者的位置头东脚西，身上或近旁撒有朱红粉末。石峡文化下层的墓葬经过排比分析，可以分为三期，从中可以看到岭南文化阶段性的发展变化，以及原始社会解体的过程。通过石峡文化的墓葬分期可以看出，岭南石器工具类别逐步增加，形制有所改进，这是生产力发展重要标志之一。农业生产方面，较进步的农具越来越得到普遍使用，男子取代妇女成为主要劳动力。这在第三期墓中反映得更为突出。在手工业方面，至少有部分手工业从农业中分离出来，成为相对独立的生产部门，手工业者地位提升。这不仅从精美玉器的制作、轮制陶业的兴起等领域表现出来，也在木制手工业上有所显露。第三期47号墓中，就发现随葬有大小成套、7种型式的卷刃凹口锛和凿，说明木工工具的专门化。总体来看，石峡下层第一、二期墓，有些墓葬随葬品已产生差异，表现出原来氏族成员间的平等关系开始遭到破坏；到了第三期墓葬的阶段，则发展成为鲜明的贫富分化，这是分工、交换和私有制造成的。私有制产生伴随着使用暴力掠夺和侵占他人财富，专用兵器如石钺、石镞出现了。石镞的使用量剧增，23座墓出土500多件石镞。这些墓葬还显示，少数人拥有象征特殊地位的石钺、玉琮等重要物品以及其他财富，墓坑也特殊；而多数人只有少量工具、陶器。

石峡文化与东南沿海、长江中下游新石器时代诸原始文化有密切联系。如石峡墓葬穿孔有肩石钺、刻纹大玉琮、贯耳圈足壶等，与苏南浙北的良渚文化遗物大同小异。而岭南特色很强的双肩石器，则在岭北地区有零星发现。可见，石峡文化与赣江流域、长江中下游甚至远达山东沿海的诸原始文化，相互传播越来越广泛，岭南文化开始跨出其独立发展期。

五、百越文化圈和汉越文化融合

岭南文化从先秦起经历了远古文化向原生文化、再生文化形态的转化发展过程。商代至战国晚期的历史属先秦百越文化圈时期，岭南文化是以原生文化形态存在的。至秦汉时期，由于具有强大亲和力的华夏文化的传入，岭南文化进入了历时两千年左右的汉越文化融合期。岭南文化从原生形态开始并完成其自身历史性的嬗变，与中原汉文化交流、认同和融合，形成了以中原汉民族为文化主体，汉文化为核心内容，以开放性、重商性、兼容性、多元性等为总体特征的，既保持自身特质又融合了中原先进文化的岭南再生文化形态。至唐代，岭南再生文化的主体构架已基本定型，总体特征充分展现，是汉越文化融合期中繁荣、鼎盛的发展时期。就汉越文化融合这一历史主题而言，秦征服岭南、南越国时期、汉武帝时期和唐代是最重要和成就最为显著的时期。

（一）先秦百越文化圈中的岭南文化

先秦时期的岭南文化，主要是指自商代到战国晚期这一时段，处于百越文化圈时期的文化。这一时期的岭南文化是岭南远古文化的延伸和演进，保存了岭南远古文化中的风俗习尚、宗教观念。其总体特征是：以岭南本根文化为核心，周边百越文化为氛围，带有明显的区域特点的原生文化。在以下几方面都表现出有别于岭北各地域的岭南越族土著特点。

1. 图腾崇拜和祖先崇拜合一

百越远古已有原始的图腾崇拜。到百越文化圈时期，这一集中表现百越原始氏族部落观念的习俗仍保留下来。岭南各越族互不统属，没有统一的图腾崇拜。不同的氏族和区域有着各自的图腾崇拜对象。南越族图腾崇拜主要是蛇图腾，其特点是图腾崇拜和祖先崇拜合而为一。与中原民族的图腾崇拜不同，南越族的图腾崇拜并不主要以物化的器型来反映，而是以符号为表征，往往通过"断发文身"的习俗来表现。不少史籍谈及他们的文身图案和含义的记录，比较集中于以蛇状文身。诸如"劗发文身，以象鳞虫"，"文其身刻画其体，内默其中，为蛟龙之状。以入水，蛟龙不害也，故曰以象鳞虫也"。屈大均对此有精辟见解："南海龙之都会，古时入水采珠贝者，皆绣身面为龙子，使龙以为己类，不吞噬。"越人以蛇文身，既反映出对蛇的实物图腾崇拜，同时还反映出他们的祖先崇拜观念。这种宗教文化延续到近代，在海南黎族妇女"蚺蛇美孚"的文身习俗中仍有反映。古代传说记载："周时南海有五仙人，衣五色衣，骑五色羊，来集楚庭，各以谷穗一茎六出留与州人，且祝曰：愿此阛阓永无饥荒。言毕腾空而去，羊化为石。"这里既反映出古代岭南以水稻种植为主的经济文化内容，也反映出以羊作为民族、氏族图腾标志的宗教观念。

岭南越族的宗教文化，还有祭祀和占卜的内容。祭祀中有祭图腾的，有祭祖先的，也有祭水神的。而占卜则有鸡卜、蛇卜、占梦，主要以鸡卜为主。关于南越人笃信神鬼，以鸡占卜，古籍曾有记载："粤巫立粤祝祠，安台无坛，亦祠天神帝百鬼，而以鸡卜。上信之，粤祠鸡卜，自此始用。"从岭南越族的鬼神崇拜、图腾崇拜、祖先崇拜、祭祀和占卜中，可以看出岭南越族宗教文化的区域性特征。

2. 以青铜器为器物文化风格

继新石器时代晚期发达的几何印纹陶文化之后，岭南地区进入了青铜器时代。先秦岭南青铜文化遗存，是以青铜器、磨光石器和几何印纹硬陶共存为主要特征的。其发展可分为两个时期：第一期从商代起，到春秋晚期，是夔纹陶类型文化时期。第二期为战国时期，属于米字纹陶类型文化时期。总观先秦岭南青铜文化时期的青铜器、石器和陶器，其文化风格及特征主要反映为：一方面，这时的器物文化是岭南越族和其他百越民族文化交流的产物。例如，南越、西瓯、骆越的青铜器物与东瓯和滇越就有着密切的联系。像南越青铜器中的靴形钺和戚，便与滇越的多有相似之处。还有肇庆墓的附耳筒、直筒、双附耳，与西南等地的

南越王墓博物馆青铜器（来源：视觉中国）

典型器物及铜鼓文化关系密切。另一方面，南越青铜时代的器物文化，在一定程度上，也打上了中原文化，尤其是荆楚文化的烙印。诸如清远墓出土的两件铜罍，罗定墓出土的铜盉、铜缶、铜鉴等器物，都与中原或荆楚的同类器物相同或相似。更为主要的是，岭南越族的器物文化具有明显地方风格和特点。像清远出土的属春秋时代的人首柱形器，反映出当时受"黥首贯耳"酷刑的"断发文身"的越人奴隶形象，这一器物仅在岭南出土，地方色彩最为鲜明。还有双肩铜锛、人形把匕首、扇形钺、盘口鼎、篾刀等器物。岭南器物文化与其他百越文化的关系是双向的文化互补和交流，像王字形纹青铜器，是属于南越器物的使用标记，在句吴、滇越等地均有发现，甚至流传至荆楚地区。在器物文化上，岭南区域性文化风格，还表现在干栏式巢居上。干栏式居屋是最具民族风格和特点的器物，为百越民族共有。这一器物特点，迄今在海南黎族的建筑中还有所反映。

3. 岭南越族习俗观念文化

在习俗文化上，正如史家所言："居楚而楚，居越而越，居夏而夏，是非天性也，积靡使然也。"这里已明确区分出楚、越、夏是不同的民族，各有不同的习俗。岭南越族在习俗文化上的特征除"断发文身"外，最特异的莫过于喜食鱼蛇蛤蚌的饮食文化。《逸周书·王会解》中言，"东越海蛤。瓯人蝉蛇"、"于越纳，姑妹珍，且瓯文蜃，共人元贝"。还有如"越人得髯蛇以为上肴，中国得而弃之无用"等说法，都反映与中原饮食文化的不同。在道德风尚上，岭南越族表现出崇尚勇猛、冒险的原始粗犷的精神风貌。与江河湖海相近的边缘地域，造就了南越人勇猛好斗、开拓冒险的精神文化特质。《汉书·高帝纪》记载"越人之俗，好相攻击"。春秋至战国时南越人尚武用剑，勇猛好强。在语言文字方面，当时岭南越族尚无本族文字，但却有着相当丰富且独具地域特色的越语。古文献中，像《国语》《说苑》《越绝书》等，都保留了古越人语言方面的记录。南越语言很有特点，当时楚人听越歌，必须翻译，证明它是一种完全不同于中原汉语和楚语的语言。

4. 以开放性为特征的文化交流

早在商周时代，岭南越族便与中原商周王朝，以及长江流域的吴、越、楚等国有着日趋频繁的经济文化往来。《逸周书·商书·伊尹朝献》中记载有岭南向周成王进贡物产之事。至春秋战国时，南越与吴越文化、荆楚文化的交流越来越密切。《左传·襄公十三年》记载"赫赫楚国，而君临之，抚有蛮夷，奄征南海"，《后汉书·南蛮西南夷列传》所记"吴起相悼王，南并蛮越，遂有洞庭、苍梧"，都反映出春秋时岭南与楚国已发生了一定的经济、政治和文化联系。战国时，岭南越人已"服朝于楚"。南越有翡翠、珠玑、玳瑁等珍品和工艺传入北方，而中原和荆楚则以青铜器以及少量铁器等器物为代表的中原先进文化影响着岭南。《百越先贤志》反映了岭南与中原的交往的情况，一些岭南人已活跃于中原各地，如东周时，勇获曾任吴王夫差的大夫，梓藏为齐国宰相，高固曾为楚威王将相等。其他百越族文化与岭南文化的融合也有不少表现。如语言上，南越、西瓯、骆越与闽越等族语言，在众多词语、音调、语序、结构等方面都有相似之处。"断发文身""善于用舟""火耕水耨"的水稻种植都是百越民族共有的文化特征，是百越文化互相融合交流的结晶。有研究成果表明，先秦时岭南土著民族已穿梭于南中国海乃至南太平洋沿岸。

（二）秦统一岭南与汉越文化融合初始阶段

秦始皇统一岭南并在岭南设郡，使岭南文化进入了一个新的发展时期。秦王朝时期是汉越文化融合的初始阶段，也是岭南原生文化实现转型、再生文化开始萌芽的时期。这一时期岭南文化的主要特点表现为：百越文化圈时期岭南文化中原始朴素的习俗文化观念，散乱无序的社会组织文化等已有改变，中原制度文化、器物文化以及生活观念文化在岭南文化中逐渐占据重要地位，并日趋为岭南人所认同。

公元前214年，秦始皇进军岭南并在岭南设郡，将岭南纳入秦王朝封建制的国家版图，结束了岭南奴隶制社会文化的历史，开始了封建社会时期岭南文化与中原华夏文化的认同融合过程。秦始皇统一岭南以前，南越族各部落、支族互不统属，尚未形成完整的内部组织，处于"各有君长"这一散乱而相对独立的阶段。秦始皇平定岭南后，下令在岭南地区设立南海、桂林、象三个郡。南海郡管辖今广东大部分地区，下设番禺、四会、龙川、博罗四个县，郡治设在番禺（今广州），委任任嚣为南海郡尉，赵佗为龙川县令。桂林郡主要管辖今广西的绝大部分区域。象郡主要管辖广西南部、今越南中北部和广东西南部分区域。

秦始皇在岭南设郡，使其置于以郡县制为核心的中央集权统治下，成了中国历史上第一个封建中央集权政府管辖的行政区。秦始皇进军岭南以及在岭南设郡，结束了岭南散乱无序的组织结构，岭南历史上首次形成了与中原相关的制度文化。尽管这种制度文化是封建中央集权的郡县制在岭南推广的产物。然而，郡县制度在岭南的实施，使岭南越人逐渐成为封建政府的郡县编民，岭南地区出现了相对稳定、等级有序的社会组织和行政机构。百越文化圈时期，战乱纷争、各自为政的岭南各越族，在此体制下增进了经济、政治和文化的交流。因此，秦王朝中央集权制的建立和郡县制的确立对于促进岭南再生文化的形成和发展意义深远。同时，在统一的政治体制保障下，先进的中原文化直接输入岭南，大大增进了岭南文化与中原文化的融合，为实现岭南原生文化形态转变为与中原文化融合的再生文化形态，奠定了基础。这一时期是岭南文化发展过程中的一个转折点、一个新的起点。

（三）赵佗与南越国时期的文化成就

南越国时期，尤其是赵佗执政时期，岭南文化步入了汉越文化融合的新阶段。岭南文化在总体内涵上，已比较充分地体现了岭南文化与中原汉文化的交流与融合。在制度文化、器物文化以及观念文化上，都表现出汉越民族和睦相处、共同创造的文化特质。这一时期，岭南文化的再生形态已具雏形，汉越文化融合基本展开，岭南原生的原始朴素的习俗文化已开始淡化，而具有区域特色的兼容性、开放性等特征更加突出鲜明，多元性、重商性等特征已初见端倪。

首先，相对安定的社会为岭南文化的发展提供良好环境。秦朝末年，出现了"豪杰叛秦相立"的局面。当时，南海郡尉任嚣认为秦王无道，应"兴兵绝新道，自备，待诸侯变"，就地反秦自立，保境安民。任嚣病危时将南海郡尉的权力交给赵佗并策动其自立。秦亡后，赵佗即发兵占领岭南其他两郡，建立南越国，自立为南越武王，以番禺为王都，南越国成为岭南历史上第一个封建割据的独立王国。南越国自公元前204年立国，至公元前111年灭亡，历时93年，其中赵佗执政达70年之久。赵佗建立和统治南越国，为岭南发展提供了一个较为安定的社会环境。南越国初创时期，赵佗不派兵北上参与"虎争天下"的角逐，《史记·南越列传》载其"急绝道聚兵自守"，尽力巩固岭南边境，

南越国宫殿复原模型

避免了一场置民众于水火的战争，使岭南人民得以休养生息。汉高祖及汉文帝时，赵佗曾两次使南越国回归汉朝，臣服汉帝，尽量避免南越国与汉帝国之间的激烈冲突。汉景帝时"七国叛乱"，吴王刘濞把南越作为一股叛乱力量，寄予厚望，赵佗却一心事汉，归顺汉朝，拒不参加吴楚七国叛乱，使南越国保持相对安定的局面，从而为岭南社会、经济、文化的发展创造了良好的环境。中原与岭南文化的交流得以继续发展。

其次，"和辑百越"的政策有力促进汉越文化的融合。赵佗在执政期间，长期坚持"与越杂处"，采取"和辑百越"的民族政策和各项措施。作为中原汉人的赵佗，尊重越人的风俗习惯和民族文化。为获得越人信任，赵佗主动改穿越装，"弃冠带"，仿效越人习俗梳椎形发髻。《史记·南越列传》载其称自己为"蛮夷大长"，他攻破象郡安阳王，"令二使典主交阯、九真二郡人"，尊重骆越人的社会习惯，灵活治理；为消除民族隔阂，赵佗还起用越人首领，上至丞相，下至一般官吏，都有越人参加国家治理；同时实行汉越通婚政策，不搞种族歧视；经济上，采取无赋税的财政制度。这些措施、制度的实施，大大增强了汉越民族的融合、生活方式的沟通和文化观念的交流，使岭南人的生活观念、行为习性以至素质都有较大的改进和提高，从而使岭南社会的整体文化出现一个新的发展局面。赵佗"和辑百越"的过程中，积极提倡进步文化，改变越人旧俗，加速了越人社会的封建化，使中原先进的汉文化浸润南越人民。《汉书·高帝纪》载汉高祖刘邦称赞赵佗："会天下诛秦，南海尉它（同'佗'）居南方长治之，甚有文理，中县人以故不耗减，粤人相攻击之俗益止，俱赖其力。"黄佐《广东通志》称当时岭南已是"冠履聘娶，华风日兴"。

再次，制度文化、器物文化和观念文化的建设取得很大成就。在制度文化上，南越国表现为一种以汉制为主，兼容秦制而又具有南越区域特色的复合型制度文化。在秦朝时，岭南实行郡县制。赵佗建立南越王国后，仍然袭用郡县制，还推行秦法中的黥劓之刑。南越国还着意仿效汉制，其行政制度连同各级官称、官制等，大都与汉朝的设置相同；与郡县并存的有同姓王侯如苍梧秦王，同汉制一样；一些职官封号也与汉朝相仿。从总体上说，南越国的国家建制甚至礼乐制度，基本上以汉制为主体内容。然而，南越国除继承和仿效秦汉制度外，也有一些自己独创的制度。譬如职官制度上设有"常御"之类的官职；后宫制度上，君王"夫人"的称号及等级差别，这些均与秦汉制度不同。

赵佗积极在岭南推广汉字，并规定汉字为官方文字。南越王墓中发现的许多封泥、铭刻、陶器、木牍、木简、漆器和皇帝行玺等都使用汉字。汉文字的推广与应用破除了汉越文化交流的障碍，对进一步扩大和加深汉越文化的融合，起着重大作用。

南越国岭南器物文化也有相当成就。考古成果表明，南越国时期的铁器无论在数量还是种类上都有大量增加，较之秦朝时丰富得多。仅南越国时期的墓葬中发现的铁器，便多达900件以上，广东地区就有300多件，种类达22种，大都是实用兵器、生活用器和生产工具。器物文化空前繁荣并具有多元化特色。诸如这一时期的文化遗存中发现的羊角钟、盘门鼎、铁双肩钺、铁刮刀、大铜鼓等，都与中原等地的同类器物有明显的不同。又如铜竹节筒，身分两节，似竹节，器表漆彩画，有人

屏风铜人操蛇托座

物、花木、山岭、云气，制作精美，为中原地区罕见，具有本地文化风格。像南越王墓出土的屏风铜人操蛇托座，便是典型的艺术之作。

（四）汉武帝时期岭南文化的发展

汉武帝时，岭南重新回归汉帝国，岭南文化进入汉越文化的全面融合时期，岭南文化作为中华文化的一个子系统文化被纳入大一统的汉民族文化系统中，在此后2000多年的封建社会里，岭南文化一直与中原文化同命运、共发展。至此，作为封建社会岭南文化成熟标志的再生文化形态已基本形成。这一成熟的标志反映为：汉文化已成为构成岭南文化的核心内容，以区域性、原始素朴性为特征的原生文化已为中原汉文化消融。随着汉文字的全面普及，铁制工具的广泛使用，对内对外交流的兴盛，制度文化的健全与完善，以及儒家观念文化的接纳与消化，再加上岭南本根文化中优秀传统的继承和发展，封建时代岭南文化的主体构架和相关内涵及特征已基本形成，岭南文化的重商、务实、多元、兼容、开放等特征基本定型并日益丰富。

南越国自赵佗死后国势日渐衰落，传至第五代王时吕嘉集团发动叛乱，与汉王朝彻底决裂。汉武帝便组织了十万楼船水师，于公元前111年攻陷南越国王都番禺，平息了叛乱。至此，历时93年的南越国已不复存在，"自尉佗初王后，五世九十三岁而国亡"。南越国政权覆灭后，汉武帝将岭南划分为儋耳、珠崖、南海、苍梧、郁林、合浦、交趾、九真、日南九个郡。所辖范围包括现在的广东、港澳、海南、广西的大部及越南北部。岭南经南越国的地方封建割据后，重新回归到汉帝国的中央集权统治之下，这是岭南文化发展中具有重要历史意义的事件。在制度文化上，岭南的回归及九郡的设立使岭南郡县制终于稳定下来，并在岭南实行2000多年，功始于秦而成于汉。这种大统一的局面，不仅为岭南文化的发展提供了很好的政治基础和社会环境，而且促进了岭南文化与中原文化的交流，使以汉文化为主体的岭南再生文化的形成与发展成为可能，促进了岭南再生文化的形成和发展。

西汉时期，汉武帝为了巩固中央集权制，实行"罢黜百家，独尊儒术"政策，儒家文化成为西汉帝国社会文化的核心。岭南回归以后，在思想文化上，汉武帝开始以强大的政治制度对岭南人进行儒家文化灌输。这种以儒家学说为核心的汉文化的灌输与传播，在岭南是通过太学制加以完成的。据《简明广东史》转载，西汉有番禺人邓宓、浈阳人何丹，"在当地举秀才，任官职"，说明当时已经设置了培养士人的机构。东汉以后，不仅官学在岭南扎下根基，不少饱学之士也开始兴办私学。岭南出了一些研究儒学有成的经学家，诸如士燮兄弟四人，"并为列郡，雄长一州"，屈大均在《广东新语·人语》对他们评价甚高。儒家文化在岭南的灌输，有效地改变了岭南"风俗脆薄""不识学义，不闲典训"的落后状况。儒家忠君、孝悌等道德观念已逐渐成为岭南人的社会行为规范。这在一定意义上，不但提高了岭南人的思想文化素质，也加强了岭南文化的凝聚力，铸就了岭南社会持久相继的文化品质。

西汉时期的商业文化也有很大的发展，特别是海上丝绸之路的开通，对岭南文化的发展作用巨大。自秦与南越国时期，随着兴修水道、开通关隘、商业贸易活动频繁，岭南文化的商业性特征日益凸显。汉武帝时广州已是以海内外商品集散地而闻名的商业都市。全国有9个商业都会，番禺（今广州）居其一。《汉书·地理志》记载"中国往商贾者多取富焉。番禺，其一都会也"。在当时拥资自肥的商人中，有"南走越，北走胡""欲拔贫，诣徐闻"的说法。以广州为轴心的岭南地区已成为南北商业文化交流十分活跃的中心地带。汉代岭南与海外通商是海上丝绸之路的开拓阶段，其航线史称"汉武航线"。这是岭南与海外通商贸易的先声，开拓了一个海上的新时代。

铁器的使用和牛耕普及，也是在西汉时期实现的。它有力地推进器物文化和经济文化的发展。《汉书·西南夷两粤朝鲜传》记载汉初时，吕后下令"毋予蛮夷外粤金铁田器；马牛羊即予，予牡，毋予牝"，这使岭南的经济受到很大打击。汉武帝重新收复岭南后，中原、荆楚、巴蜀的铁器大量输入岭南。汉武帝还在岭南建立了盐铁专卖机构。铁器和牛耕的普及，使岭南地区得到较大规模的开发。同时，岭南的制陶业、铸铜业和造船业等手工业均有所发展。诸如汉代的瓦当、提筒、薰炉制作都具有岭南特色。

（五）唐代岭南文化的繁荣

唐代是岭南汉越文化融合期中最为重要的时期。自秦汉时期形成汉文化的主导，经两晋、南北朝、隋的不断演进，岭南在唐代进入了以汉文化为主体的全面繁荣发展时期。唐代的岭南在器物文化、制度文化和观念文化上都有突出的表现，达到了一个新的历史高度，尤其是精神文化的发展，是岭南封建文化发展的兴盛时期。

这一时期宗教文化高度繁荣。自东汉佛教以海路的方式从岭南的交趾进入后，岭南便成了佛教传经说教的乐土。三国两晋时，不断有印度或西域僧人来广州译经、传道，留下了不少佛教文化的名胜古迹，诸如三归寺、王仁寺、"西来初地"等。至南北朝时期，广州已建有佛教寺院87所。唐初岭南最为盛行的宗教是佛教。岭南不但是佛教传入的"西来初地"，同时还是佛教禅宗顿教的发源地。慧能自创禅宗的顿悟法门，其影响力远及北方，甚至传至日本、朝鲜和东南亚各国。唐代岭南海外贸易的兴旺，始于7世纪阿拉伯人沿着"广州通海夷道"的航线进入岭南，伴随中东阿拉伯商业贸易而传入。广州是伊斯兰教传入中国最早的地方。广州的怀圣寺是伊斯兰教传入我国后最早兴建的清真寺。寺内的光塔不仅是岭南对外交通史上的重要遗迹，也是伊斯兰教传入岭南的宗教象征。为早期著名教士艾比·宛葛素修建的"清真先贤古墓"，也是伊斯兰教流传广州的历史见证。史载黄巢起义军进广州城时，广州不仅有伊斯兰教徒，还有犹太教徒及基督教徒。唐代岭南香火缭绕，各派宗教并行不悖，兼容并蓄的宗教文化特征明显。

"西来初地"传说是达摩来华最初的上岸点

　　这一时期教育文化兴盛且有大的发展。岭南教育文化在唐代以前发展相对缓慢。虽说汉代尤其是东汉以来岭南官学和私学有所发展，但真正的繁荣却是在"大唐盛世"。一方面，唐代封建朝廷为加快岭南的开发，重视岭南的"文治教化"，于是在当时岭南的大部分州都设立了官学，各州县均设学校，招收生徒，授以文学、律法、算术、医学等知识。朝廷派往岭南任职的官员，多注重地方教育建设，对岭南的教育大有建树。私人办学也蔚为风尚，岭南的文化教育获得了一个大发展。另一方面，唐代流放到岭南的"罪官"贬官，如被贬谪岭南潮州的大文豪韩愈，贬至海南岛的王义芳等，为岭南文化教育发展做出了重大贡献，对提高岭南人的文化水平起到积极作用。唐代岭南的文学艺术也是成就卓然。在唐代诗歌的发展中有重要贡献的岭南诗人张九龄，与陈子昂一起开盛唐诗风。其诗尤其是五言诗，对诗仙李白及王维、孟浩然、韦应物等，都产生过影响，为唐代诗歌的鼎盛和日后岭南诗派的形成与发展，做出了开拓性的贡献。唐代岭南有成就的诗人，还有邵谒、陈陶等。

　　这一时期商业文化空前繁荣。唐代岭南商业贸易空前繁荣。一是岭南与内地的商业交往异常活跃。唐以前因受制于五岭所隔，岭南交通不便。唐玄宗时张九龄征集民夫，开凿和兴建大庾岭驰道，成为中原与岭南交流的通衢大道。张九龄《开凿大庾岭路序》记载："而海外诸国，日以通商，齿革羽毛之殷，鱼盐蜃蛤之利，上足以备府库之用，下足以赡江淮之求。"交通的改善，使岭南与中原的商业贸易迅速增加。岭南经济文化中以物易物的交换方式，已为货币交换所取代，贸易规模大有拓展。二是岭南的海外贸易高度发展。唐代外贸商道在水路上发展成了著名的"广州通海夷道"，"海上丝绸之路"进入成熟阶段。当时的广州，是全国的外贸中心、世界的著名商港。唐朝政府在广州还专门设立管理海外交通和对外贸易的官员"市舶司"。唐代岭南海外贸易的空前繁荣，带来了岭南与海外文化交流的深度发展。唐代文化的勃兴吸引了大批外国人侨居广州。唐政府在广州城为这些外侨划出了特定的居住区，称为"蕃坊"。外侨以阿拉伯人居多，他们设立"蕃学"，既传播阿拉伯文化，也接受和学习中国文化。《全唐文·华心》记载了阿拉伯人李彦升研习中国文化有成而中进士的史实。

总的来说，唐代岭南文化取得了灿烂辉煌的成就，在中华文化的发展史上居于重要的地位。唐代岭南文化不仅有助于中华文化的发展，而且促进了世界文化的交流。同时，岭南文化自身所具的开放性、重商性、多元性和兼容性等支柱性价值得到了进一步的深化、充实，并获得了充分的展现。唐代，是封建时代岭南文化发展史上的一个高峰。

六、古代中原移民与岭南文化

中国古代，岭南文化接受中原文化的影响并与之融合，大规模的移民起了重大作用。中国历史上有过四次大规模的中原人南迁：秦汉、两晋南北朝、两宋、明朝末年。这些来自中原的军人、"罪官"和士民，将中原和江南文化带到岭南，促进了黄河和长江流域的文化与岭南文化的充分交融，有力促进岭南文化的发展。

（一）秦汉时期中原移民

秦朝以前，中原人视岭南为"南蛮"之地，鲜见移民。秦王政二十四年（前223）秦军"南征百越之君"。《淮南子·人间训》记载进征秦军有50万人，有学者认为只有几万人。征服岭南后，军队驻扎下来，有相当数量后来定居岭南。北方人南下之众，这在岭南前所未有，可以说是秦朝中原人初入岭南。

在这次大规模的中原人南移中，除了军人及其家属外，还有大量的"谪徙民"，包括各种"罪民""罪官"，主要用来充实刚实行行政区划的"初郡""初县"的人口，戍守城池。《史记·秦始皇本纪》载："（秦始皇）三十三年，发诸尝逋亡人、赘婿、贾人略取陆梁地，为桂林、象郡、南海，以适遣戍"，"三十四年，适治狱吏不直者，筑长城及南越地"。《汉书·西南夷两粤朝鲜传》则载："秦并天下，略定扬粤，置桂林、南海、象郡，以谪徙民与粤杂处。"《汉书·高帝纪》说："前时秦徙中县之民南方三郡，使与百粤杂处。"此外，中原还有相当数量的"无夫家"之女移居岭南。据《史记·淮南衡山列传》记载，赵佗任龙川县令时，向秦朝政府"求女无夫家者三万人，以为士卒衣补，秦皇帝可其万五千人"。这批未婚女子先后与"遣戍"军人组成家庭，对岭南驻军的稳定、社会的发展及人口的繁衍具有十分重要的意义。

在岭南早期开发中建立了卓著功绩的赵佗是中原人南迁的一个代表。他统治岭南期间，致力于民族团结，鼓励汉越通婚；大力发展岭南地方经济；大量吸收黄河流域封建文化。

这一时期中原文化对岭南本土文化的影响，主要表现在四个方面：

一是结束了岭南地区部落各自为政、互不统属的历史，从此开始纳于中央政权的管辖之下，实行郡县制。那些分散的、深居溪洞的各部落南越族人，也逐渐成为封建政府的郡县编民。岭南社会形态由奴隶社会过渡至封建社会。社会形态的变化发展，是文化发展的社会基础，对文化发展有重大意义。这一时期岭南文化的发展，超过了以往任何时期。

二是促进了岭南经济社会的快速发展。秦始皇征服岭南时，南越族大部分部落基本上还过着原始生活，缺少铁器，耕作粗放，从事火耕水耨和渔猎捕捞。中原人大量南迁，为岭南带来了北方的铁农具及牛耕等先进耕作技术、手工工艺等，促进了岭南生产方式的发展。"徙民"中的商贾南来后，对岭南商品交换的发展起了推动作用。

三是移民中的官吏、学者和大批"谪徙民"南迁，是岭南精神文化发展的重要转折点。这些人深受中原先进文化的熏陶，思想文化素质较高，他们南来之后与百粤杂处，使本地越人在生活习俗、语言、交往等方面都深受中原人士的影响。他们在岭南办学启蒙，传播中原先进文化，提高了越人的文化素质。这些都加速了中原文化与岭南文化的融合，促进了岭南文化的发展。

四是发展了交通，方便了中原地区与岭南的交往。秦南征时开凿了一条长60公里，宽约2丈的水道，叫作灵渠。它将湘水引入漓水，沟通了长江与珠江两大水系。征服岭南后，秦军与中原徙民又在五岭河谷处修筑多条通向岭北的"新道"。

从汉武帝时起，两汉期间因南征、战乱，有过三次较大规模的中原人南迁。

第一次是汉军南征。汉元鼎四年（前113），南越国丞相吕嘉发动叛乱，次年武帝调集十万楼船水师进军岭南，后将南越地重新划分为南海等九个郡。南征军队留守岭南，汉族人口增加，使汉越交往进一步加强。《汉书·地理志》记载，汉朝曾多次组织官办的商船队，从岭南的合浦、徐闻港出海贸易，最远到达已程不国（今斯里兰卡），史称此航线为"汉武航线"。中原商人到岭南做生意的逐渐增多，"中国（指中原地区）往（岭南）商贾者多取富焉。"《盐铁论》说，汉武帝并吞岭南后"民间厌橘柚"，可见岭南橘柚运往北方之多。这些商贾的贩运促进了岭南与北方的商品交换。第二次南迁高潮发生于西汉末年。当时北方战火频繁，社会动荡，为了躲避战乱，中原一带的很多居民被迫迁往南方。其中有不少世家望族，更多的是平民百姓。持续不断的移民使岭南人口大增。据《汉书·地理志》《后汉书·郡国志》记载，西汉末，平帝元始二年（2）南海郡仅有94253人，到东汉顺帝永和五年（140）则达到250282人。第三次移民高潮发生在东汉末年。当时外戚、宦官交替专权，豪强当道，贪得无厌地盘剥人民，各地纷纷起义，最大规模的是黄巾起义。这次动乱造成大量中原人迁居岭南。

两汉时期南迁的中原人，无论是在发展经济和传播黄河流域文化方面，还是在社会治理方面，都发挥了重要作用。如南迁桂阳县（治今连州）袁姓三兄弟，开凿了"龙腹陂"，灌溉农田五千多亩。又如王莽时鲁国汶阳士氏避地苍梧广信县、桓帝时颍川唐氏迁居桂阳县，后来都成了县里的望族。中原人在开智启蒙、传播礼义等方面更是功绩卓著。《资治通鉴·汉纪三十八·章帝建初八年》记载："交阯太守锡光等相率遣使贡献，悉封为列侯。锡光者，汉中人，在交阯教民夷以礼义。帝复以宛人任延为九真太守。延教民耕种嫁娶。故岭南华风始于二守焉。"说岭南华风始于锡光、任延两位太守，这当然并不确切，但中原文化真正深入岭南是从汉代开始，却是历史事实。两汉期间，在中原文化影响下，岭南普遍推广了铁制农具，学会了使用牛耕和制造砖瓦等技术，生产力有了大发展；同时改造了社会风俗，兴办了一些学校，经济、社会、文化发展进入了一个新阶段。

（二）两晋南北朝时期的移民高潮

继秦汉期间数十万中原人大规模移民岭南之后，两晋南北朝时期因避战祸我国出现了历史上第二次中原人南迁高潮，这次移民南迁持续的时间长，人数多，影响深远。从晋武帝死后发生"八王之乱"，其后十六国大乱，到南北朝对峙，中国北方陷入近300年的战乱和分裂，"人相食，死者太半"，北方遭到严重破坏。此时期岭南较少受到战乱影响，社会比较安定。据广州和韶关出土的晋代砖刻，有类似这样一些镌文："永嘉世，九州荒，如广州，平且康。"这么长的时期内，躲避战祸的中原人数量比两汉移民多得多。这次移民一个特点是不少世家望族南迁。"东晋南朝，衣冠望族向南而迁，占籍各郡。"这些衣冠望族来自陕西、山西、河北、河南、山东、安徽等地，主要是魏晋以来形成的上层士族地主，其中有些是两晋统治集团的成员。广东兴宁县《温氏族谱》记载："我族发源于山西、河南，子孙蕃衍。……我峤公，时为刘琨记室，晋元帝渡江……峤公奉命，上表劝进……""峤公"指温峤，是晋代上层人士，其后代辗转岭南，后落籍兴宁。又如刘宋时奋威将军阮谦之，是因其祖父从陈留迁岭南而落籍徐闻的。另一特点是江南人从海路南迁。两晋时"渡南海至交阯者不绝也"。东晋有些逃避沉重赋税的江浙人也取海道至岭南，《晋书·庾翼传》说"时东土多赋役，百姓乃从海道入广州"。

两晋南北朝时期中原移民对岭南产生着重大的影响。这一时期的中原移民，使汉越文化进一步融合，使岭南的社会生活发生了重大变化，推动了岭南经济文化的发展。主要表现在以下几个方面：一是增设郡县，尤其为笼络俚人渠帅，在西江以南州郡剧增，使封建吏治普及化，并开始深入俚人溪洞。二是社会生产的进步。东晋时各地流人入广州，刺史邓岳利用他们"大开鼓铸"，加速了广东冶铁业的发展。两晋南北朝，岭南结束了过去主要依赖中原供应铁制农具的状况，发展了本地的冶炼铸造业。在耕作上，韶关晋泰康墓和连州晋永嘉墓出土陶制犁田、耙田模型，说明粤北已出现畜力拉耙的新农具和新技术，并且懂得控制农田用水，这是生产力水平提高的标志。三是推广封建意识形态。东晋、南朝时期，地方大吏开始为孝子和烈女扫墓、建祠、立坊碑。以孝悌和贞节为基本内容的封建伦理道德逐渐影响岭南。风俗习惯也向中原地区看齐。如广东的晋代墓葬，有合族而葬的习俗，并出土有"炕"模型和青瓷砚等。

（三）两宋移民高潮与珠玑巷民族南迁

隋唐两代，中原人南迁的势头逐渐减弱，没有前两次那样大规模移民。北宋末年，北方烽火连天，士民纷纷南逃避难，我国出现了第三次移民岭南高潮，在南宋灭亡时达到空前规模。北宋初期起就陆续有移民迁居岭南，仅在太宗太平兴国到神宗元丰的100年间，新置几个州人户就有很大幅度的增长。其中，梅州从1577户增至12390户，新增10813户，约增长686%，增长最多。北宋末年政治腐败、战乱频仍的社会背景下，人们向往一块安宁的土地。当时岭南地区社会环境相对安定，人口少又有大量尚未开垦的土地，吸引了大量逃难百姓，南迁的人口大幅度增加。南宋时，高宗受金兵追赶，从南京逃到扬州，又逃到镇江，再逃至杭州。朝廷流亡，百姓陷入苦难深渊。金朝亡后，蒙古汗国大举南侵，于1276年攻入南宋都城杭州，南宋灭亡。元军在江南广大地区烧杀掳掠，战乱中大量难民逃移岭南。逃往岭南的除了中原人，还有大量江南人。这些江南移民在南宋偏安的100多年里，融合了黄河文化和长江文化的精华，给岭南文化输送了新的养分。从北宋初至南宋末的300多年间，中原和江南人移民岭南的规模之大、人数之多，超过此前任何时期。

两宋移民南迁有两条途径。中原士民大部分是通过张九龄主持开凿的大庾岭新道。唐以前中原通往岭南的湘桂走廊和骑田岭，崎岖难行。两宋时期，经大庾岭新道，过南雄，下浈水，再转广州等地，比原先方便得多。余靖《韶州新修望京楼记》中说："今天子都大梁，浮江淮而得大庾，故真[渍]水最便。"《韶州真[渍]水馆记》也说："故之峤南虽三道，下真[渍]水者十七八焉。"即南迁者中，十之七八是走的这条新道。另一条是海路。从海上入粤的主要是江淮人和福建人，到岭南后大都落籍于滨海的州县。南宋亡后，陆秀夫等先后拥立赵㬎、赵昺为帝，福州失守后官兵护卫帝㬎逃上海船，在潮、惠、广诸州沿海漂泊两年多，败亡后其余众纷纷定居沿海地方。据《舆地纪胜》记载，"（南恩州）民庶侨居杂处，多瓯闽之人"。也说明入粤者从福建等地来。从海道入粤者使沿海诸州人户大量增加。据《元丰九域志》记载，北宋元丰年间，潮州有74682户，惠州有61121户，南恩州有27214户，雷州有13984户，这都大大超过原有的户数。《永乐大典·潮州府》记载：到南宋理宗端平年间，潮州人户又增至135998户，较元丰时差不多翻了一番，其他诸州的人口也有不同程度的增长。

两宋移民，对岭南的社会、经济和文化的发展产生了重要影响。主要表现在：第一，宋代大量人口南迁及迁民中江南籍比重增大，对岭南的农业生产和手工业发展起到了很大的促进作用。岭南气候温暖湿润，土壤肥沃，大批富有水田耕作经验的江南人在岭南垦辟耕作，推动了岭南农业的发展。南迁人口中，江浙闽的能工巧匠，给岭南带来了先进的手工工艺技术，特别是陶瓷、冶炼工艺。第二，南迁的江南、福建商人借助于广州这个全国最大贸易港和大量人口南迁的契机，极大地加强了南北的商业联系。据《太平寰宇记》，南恩州（治今阳春）"颇有广陵、会稽贾人船循海东南而至，故吴越所产之物不乏于斯"。第三，南迁人口中有不少官绅和宿儒，他们入籍岭南后创办州学、县学和书院，使岭南的文化教育事业空前繁荣。据道光《广东通志》、光绪《广州府志》及有关文献记载，到南宋时，岭南各州都开办了州学，大部分县都有县学，共68所。所办书院有41所，其中较著名的如南雄的孔林书院、潮州的韩山书院、海南的东坡书院等。这些学府培养了一大批士人，使岭南的封建文化得到空前发展。第四，两宋移民使汉族和岭南越族进一步融合。除壮、黎、瑶、畲等人口不多的少数民族外，越族大部分汇入汉民族中，汉文化占据了主导地位。

两宋移民高潮中，南雄州保昌县（今南雄市）具有重要作用，是由大庾岭路进入岭南，前往珠江三角洲的交通要冲。保昌县沙水村有一珠玑巷，是中原移民南下途中首先选择的定居地。在宋代历史变迁中，迁居珠玑巷的中原人又陆续流徙岭南腹地，落籍珠江三角洲一带。珠玑巷是中原人开拓南疆的一个中转站，成为具有民族南迁象征意义的地方。

珠玑巷，原名敬宗巷，也叫朱杞巷，唐代以前就已存在。唐敬宗时改为珠玑巷。珠玑巷虽得名于唐代，但在两宋南迁高潮中，中原人"至止南雄"，对珠玑巷产生一种特殊的感情，除了地理方面的原因之外，还因为京城有同一地名的里巷，所以南雄珠玑巷吸引了大批中原人聚居并名扬天下。不仅南雄有珠玑巷，广州、潮汕一带也有珠玑巷地名，显然是入粤者"以旧居名其里甬"，表明了南迁的中原人眷恋故土的情感。珠玑巷繁盛时期很长。明代黄公辅《过沙水珠玑村》诗云："长亭

珠玑巷（来源：视觉中国）

去路是珠玑，此日观风感黍离。编户村中人集处，摩肩道上马交驰。"清人罗天尺《珠玑巷》诗云："南渡衣冠故里余，泪天赢得住烟霞。而今恰似乌衣巷，野燕低飞入酒家。"金陵乌衣巷是东晋时豪门世族聚居之地，这里把珠玑巷比作乌衣巷，说明中原衣冠望族迁居于此的很多。

珠玑巷民族南迁的历史，可以分为两个阶段。第一阶段是北宋末至南宋初，中原人大量迁居南雄，建设珠玑巷。南宋统治的确立，使江南暂无战事，岭南地区更为平安，珠玑巷在百余年中逐渐繁荣。南宋极盛时珠玑巷的商贩和居民曾多达1000多户，可见其发达程度。

第二阶段是南宋末期，已在珠玑巷落户的居民为避战祸再次南下，流散到珠江三角洲各地。有些还漂洋过海，流落海外。元军灭宋后，南下攻陷广东南雄、韶州，珠玑巷居民纷纷逃散。南宋末的逃难民众中，较为著名的是罗贵等97人。罗贵等南迁的时间和原因，清人黄慈博辑录的《珠玑巷民族南迁记》一书中有多种说法，该书收集的家谱、族谱记载各异。但宋代中原人南迁珠玑巷，又由此地流转珠三角各地，这个历史事实却是确定无疑的。自北宋中后期至元代初期的200年间，由南雄珠玑巷陆续南迁的有上百次。

珠玑巷后裔在珠江三角洲各地的经济开拓和文化发展中，发挥了极重要的作用。他们开垦荒地，治理滩涂，推广中原地区的先进农耕技术和手工工艺，开办学校，传播文化，为岭南开发做出了不可磨灭的贡献。特别值得一提的是，岭南的很多名人学士、世家望族，其祖先都是由中原迁至珠玑巷而后再迁到珠江三角洲各地的。清雍正年间郝玉麟《广东通志》说："珠玑巷在南雄府保昌县沙水寺前，相传广州梁储、霍韬诸望族，俱发源于此。"道光年间阮元《广东通志》也说："珠玑巷在沙水寺前，相传广州诸望族俱发源于此。"乾隆《南雄府志·珠玑巷》记载："广州故家巨族，多由此迁居。"明代著名哲学家陈献章，"先世仕宋，自南雄迁新会"，后一直定居新会。屈大均在《广东新语》中自称"予沙亭始祖迪功郎，讳禹勤，初从珠玑巷而至，族谱云'南屈珠玑实始迁'"。康有为、梁启超也都是珠玑巷南迁族人后裔。

《康南海自编年谱》称"始祖建元，南宋时，自南雄珠玑里始迁于南海县西樵山北之银塘乡"。新会人梁启超，据《梁氏世系图谱》记："绍字季美，宋赐进士，绍圣间为广东提刑，与叔焘同择居南雄珠玑里。广东梁氏自公始。"

（四）明末移民

从天启七年（1627）陕北爆发农民起义，至1644年闯王攻破北京的17年间，各地战火纷扰，难民四处流徙。难民中有一部分流向岭南，形成岭南历史上的第四次移民高潮。

但明末的岭南也不是安宁之地。明以来，中央政权加强了对岭南的控制与掠夺，如崇祯元年（1628）两广总督的奏疏说："粤自有事以来，搜括如洗。"地方官吏又层层加征盘剥，岭南人与陕北农民起义相呼应，增城、英德、澄海、保昌、揭阳等地不断爆发起义。在这种情况下，逃亡岭南的人民只能在一些地旷人稀的荒山野岭辟地开田，艰难地重建家园。南逃的移民中，有一部分是明王朝的遗臣。他们拥戴宗室后裔，率领残余军队及豪绅家族，从江苏、浙江一带经福建逃到广东，以反清复明为号召开展复国行动。明末的移民对岭南后期的开发起了一定作用，但由于规模不大，流散偏远，对岭南的影响远远不如前几次。

明亡后，清军铁骑由福建的漳（州）、泉（州）进征广东，一路大肆屠杀，给人民造成深重的灾难。明朝宗室成员及遗臣在广东建立永历政权，更引起了清王朝的怨恨。据乾隆《南雄府志》载，顺治六年底（1650年初），清军攻陷南雄府后，野蛮烧杀，城内居民"十存二三"。第二年清军又陷广州城，守城官兵阵亡六千多人，城内居民被杀数万人。在岭南各地，清兵所到之处，肆意蹂躏，使岭南社会经济受到极大破坏，岭南人民的生命财产遭受巨大损失。这激起了人民的奋勇反抗。各地不断爆发反清起义，一批知识分子参与和领导了起义。被称为"岭南三忠"的陈邦彦、张家玉、陈子壮就是其中的代表。

明末岭南三忠（左起陈邦彦、张家玉、陈子壮）

在历次中原人南迁高潮中，唯有明末清初这一次对岭南来说是灾难性的。经过汉唐和宋明时期逐渐发展起来的岭南经济和家园，遭受到空前的打击和毁灭性的破坏。

（五）贬谪岭南的"罪官"

秦汉以来的封建时代，岭南因处边陲，"荒服"之地，一直被朝廷作为流放罪犯的地方。被朝廷贬谪到岭南的许多"罪官"，对岭南文化的发展也做出了很大的贡献。历史上有很多"谪官入粤"的记载。

三国时期，东吴骑都尉虞翻因得罪孙权，被流放番禺（今广州）。虞翻把南越王赵佗后代赵建德住过的家宅辟为讲学的园庭，称为"虞苑"（址在今光孝寺），门徒有数百人。唐代时中国禅宗南宗的创始人慧能，其父卢行瑫也是贬官。卢行瑫是范阳（治今河北涿州）人，曾在本地为官，唐高祖武德年间因罪降职，流放并定居新州（治今广东新兴县）。唐宋时期，有很多著名朝臣都被贬到岭南。今海南省海口市的五公祠，所祀即为唐宋两代五位名臣：李德裕，于唐文宗和武宗时两度任宰相，因与牛僧孺"牛李党争"，于唐宣宗大中元年（847）被贬为潮州司马，再贬为崖州司户。李光，南宋时曾做副相，因在高宗面前痛骂秦桧，于绍兴十一年（1141）被贬到海南，居琼州、昌化11年。李纲，南宋时著名的抗金派代表，做了75天宰相，被投降派诬陷，贬到海南万安军（今万宁、陵水一带）。赵鼎，宋高宗时两度任宰相，曾与李纲齐名，后因反对投降政策，受秦桧排挤，于绍兴十四年（1144）被贬到海南吉阳军（今海南三亚一带）和潮州等地。胡铨，因写《上高宗疏》请杀奸臣秦桧，激怒权奸，于绍兴十八年（1148）被贬到吉阳军。这五位在中国历史上做过贡献的著名人物，虽遭排挤、贬斥，但一直受到岭南人民的尊崇和景仰。宋代陈尧佐，曾任参知政事等职，宋真宗咸平二年（999），因"坐言事忤旨，降通判潮州"。《惠州府志》载：陈尧佐在任潮州通判期间，修孔庙，建韩祠，"治以诚信，事从省约，吏民化服"。宋代被贬到惠州的还有：御史陈次升，因议章惇、蔡卞植党为奸，获罪谪官；崇政殿说书（侍讲）陈鹏飞，因忤秦桧而落职。南宋时期爱国名将岳飞被害后，其家属和后裔也都被迁到岭南。

当然，贬到岭南的并不全都是廉洁正直的朝臣。唐武则天时的酷吏周兴，朝野怨声载道，武则天为缓和紧张局面，将周兴流放岭南。另有一些谪官，纯粹是由于朝廷党争所涉被贬入粤的，如唐朝的牛僧孺、李商隐等。

在流放岭南的"罪官"中，有些人原籍岭南，经科举或荐举入朝为官，后因获罪又"谪官入粤"。北宋韶州曲江人余靖，是一位历史名臣，累官工部尚书。宋仁宗时他为范仲淹鸣不平，被贬落职。余靖厌恶官场倾轧，回故乡曲江隐居六年。明代著名学者、香山人黄佐因在"大礼议"中与嘉靖皇帝意见相左，遭受贬谪。于是他以"终养"老亲为名辞官归里，在家乡创办粤州草堂，接待游学士子。还有明代刚正不阿、冒死直谏的著名清官何维柏，南海人，因弹劾奸臣严嵩入诏狱，后被释放革职回到故乡。他在故乡授徒讲学，成绩斐然。

入粤的谪官中，很多在当地授徒讲学，兴办文化事业，影响最大的是韩愈和苏轼。唐代"文起八代之衰"的古文运动领袖、唐宋八大家之一的韩愈，在贞元十九年（803）任监察御史时，因关中天旱人饥而上书请宽民徭，免田租，后被人进谗，皇上"恶之"，贬为连州阳山

（今广东阳山县）令。韩愈在阳山三年，体察民情，廉洁公正，颇有政绩。《新唐书·韩愈传》说他"有爱在民，民生子多以其姓字之"。元和十四年（819）因谏阻宪宗迎佛骨，又被贬为潮州刺史。唐代时潮州还很不开化，韩愈在《请置乡校牒》中描绘"人吏目不识乡饮酒之礼，耳未偿闻鹿鸣之歌"。韩愈请当地人赵德（代宗末年进士）做县尉，专管州学，并拿出自己的俸金作为举本，支持赵德设置乡学。韩愈在潮州的活动还有正乡音、放免奴婢等，他还曾组织驱鳄鱼，为民除害。韩愈在潮州任职虽然只有8个月，但由于他学问渊博，名望极高，以及他兴办地方文化事业的功绩，在潮州文化发展历史上留下了深远影响。自韩愈后，潮州文风大盛，士人代出。史载不少称颂其潮州功业的文字。如明万历年间进士黄琮撰《重修潮州府儒学记》："潮故粤之东，底风气未辟。自昌黎请置乡校，延赵德成为之师，而文学彬彬，遂称海滨邹鲁。"潮州人民为了纪念韩愈，将鳄（恶）溪改名为韩江、东山（笔架山）改名为韩山，妇女蒙面的头巾取名韩公帕，还兴建了韩文公祠，祠中韩愈手植之橡树被称为"韩木"，潮州城里还有思韩亭、昌黎路等，都反映了潮州人民对韩愈的敬重和推崇。

北宋杰出的文学家、"唐宋八大家"之一的苏轼也曾被贬谪到岭南。苏轼早年因反对王安石新法被贬黄州（今湖北黄冈）。哲宗亲政时，又先后被贬到惠州、儋州。其弟苏辙也流放岭南。苏轼在惠州做地方官时，十分关心农业生产和人民生活。如在罗浮山看见山涧溪水水量充沛，落差大，就建议当地村民建造水碓和水磨，并提出了具体方法。他看见农民在烈日下插秧十分辛苦，就大力推广江南农民使用的秧马，亲自绘出图样，并在龙川、博罗二县推广。苏轼虽遭贬谪，但心胸旷达，写下"日啖荔枝三百颗，不辞长作岭南人"的佳句。苏轼在惠州两年七个月，1097年又以"讥斥先朝"罪流放到更偏远的海南岛儋州。苏轼在儋州关心民瘼，为人民做了不少好事。特别是同黎族人民亲如一家，学黎语，穿黎服，同时也教黎族人讲汉语，规劝他们改变陋习，并教他们学习文化，亲自在载酒堂（即后来的东坡书院）向黎族人讲学，为其文化启蒙做出了贡献，深受黎族人民的尊重和爱戴。宋代李光《迁建儋州学记》记：苏轼之后"学者彬彬，不殊闽浙"。可见苏轼对儋州学风兴起是有深远影响的。苏轼自己对岭南的这一段经历也十分珍视，他在去世前两个月所写的《自题金山寺画像》诗中说："问汝平生功业，黄州、惠州、儋州。"

自秦以来的两千多年岁月中，中原、江淮人民以及朝廷"罪官"陆续不断移居岭南，给地处荒僻的岭南输送了中华文化的精华，使岭南本土文化得以与中原文化交流、融会，从而不断发展和成熟，成为中华文化中的一枝奇葩，并在近代闪射出灿烂夺目的光彩。

七、近代思想文化

　　1840年的鸦片战争，率先在广东沿海拉开帷幕，它标志着中国近代社会发展的开端。从此，岭南大地，特别是珠江三角洲，逐渐沦为西方列强掠夺的重点地区。在中国近代80年救亡图存的历史上，岭南文化由于独特的地域环境和文化传统，获得了极为重要的发展，在汉文化中由非主流文化演变为近代中国的主流文化之一，对中国政治与文化生活产生了重大的影响。这不仅意味着岭南文化对内陆文化已产生了强大的辐射与潜化作用，同时也预示着中国文化一个新的发展阶段的到来。

（一）近代岭南思想文化的特质与社会影响

　　鸦片战争前，岭南地区同中国其他地区一样，处在衰落的封建社会的晚期阶段。鸦片战争后，民族危机、政治危机，乃至整个社会危机笼罩全国，岭南一批有识之士寻找救亡图存的真理，出现了大批思想家和思想理论，岭南文化的发展进入一个新阶段，他们的思想理论有鲜明的历史特征。

1. 近代岭南文化的开放精神

　　近代岭南思想文化是在迭遭外侮的广东沿海地区形成的，重要的思想家大都在受西方文化强劲辐射的珠江三角洲一带成长起来。洋务运动掀起留学高潮后，广东远渡重洋去西方留学的学子数量居全国之冠，他们浸润于西方文明，惊羡于西方的富裕强盛，回国后积极宣传，推动国内变革，有的人跻身于维新运动行列。伟大的革命先行者孙中山早年求学于檀香山和香港诸地，后来逐步形成一套资产阶级革命理论，便是主动接受西方文化的典型事例。这一时期，岭南近代思想文化具有鲜明的开放精神，而不是在原有的封建旧学的基础上盘旋不进。他们主动地接纳和宣传西方的民主自由学说，认真地学习了西方自然科学知识，并以之作为世界观的自然科学基础。照搬或直接运用西方社会政治学说抨击清朝黑暗统治，这在岭南近代思想家身上是极为普遍的事实。具体概念多来自当时西方的自然科学学说，如康有为常用的概念"质""力""电""声""光"，孙中山学说中的重要概念"以太""生元""物竞天择"，等等。即便是某些中国传统学说中常用的概念如"气""理""道"等，也被注入了西方学说的"新"内涵。近代岭南思想文化的开放精神，首先是在开放环境下西方文化渗透、对流的条件下形成的，而这种开放性又使岭南思想文化最先脱出了中原传统封建文化的窠臼，从而走向了全新的舞台，发挥出独特的社会效用。

2. 近代岭南思想文化的民主精神和重商传统

近代岭南思想文化的主体是推动维新改良或革命运动而掀起的民主思潮。自《南京条约》签订、开放五口通商以后，以民主、自由为主题的西方社会学说率先在广东地区传播，西方一些关于民主政治和个性自由的学术名著很快被翻译介绍进来，诸如卢梭的《社会契约论》、孟德斯鸠的《论法的精神》等，对近代岭南思想家的成长都曾发生过难以估量的作用。黄遵宪、梁启超及稍早的何启、胡礼垣等人，都曾花费精力，向国人专门介绍西方近代一些大思想家的民主理论和国家学说。虽然有些思想家晚年趋向保守，但从岭南思想家近80年间为之奔走呼号的维新运动或反清革命上看，贯穿其中的精神核心和指导思想，毫无疑问是西方资产阶级的民主自由学说。康有为、梁启超的维新改良与孙中山的三民主义虽然在追求目标上有明显分歧，但在反对暴君独裁、解放民权的根本精神上却有着共同之处。岭南特别是沿海地带素有重商传统，但还没有上升到思想和理论的层面，并未彻底突破封建时代重农抑商的思想樊篱。直至鸦片战争后，西洋商品以其制作精美、价格低廉的优势，在岭南地区大肆倾销，迅速破坏了散落于乡镇集市的作坊手工生产，反对闭关锁国，改变乡村小农经济的落后形态，重视工商的经济思想才占据了岭南思想家的大脑，并逐步演化成一种思潮，成为近代岭南思想家的一个重要特色和近代岭南文化思想构成上的一个重大特征。几乎所有近代的岭南思想家都曾花费过大量的笔墨去宣传发展工商业的重大社会意义。康有为在民族危机中很早就意识到工商业与一个国家命运的关系，他认为"并争之世，必以商立国"，民族之振兴，在于商业之发达。郑观应更为直接地主张"以商立国"，认为"欲制西人以自强，莫如振兴商务"，并由此提出了与西方列强开展"商战"的理论。

3. 学风上的实用精神和功利色彩

岭南近代思想文化的实用性和功利性非常显著。岭南学风在历史上就有偏重实用和功利的倾向，但使这种倾向转化为一种思想文化的重要特征，则是近代史上的事情。究其原因，民族危机和文化危机是最为重要的社会基础。而它能迅速传播，产生巨大的社会效应，原因还在于岭南思想家们从中国社会的现实状况出发，其批评攻击也因此多能切中时弊，契合救亡御侮、富国强兵的时代主题。因此，从清除时弊的直接需要出发，岭南思想家在介绍西方的社会学说时，实用目标是很明确的，并在这种目标的指引下，形成了各具特色的观念体系和救国方略。实用与功利的原则虽然使岭南近代思想文化具有鲜明的针对性和进步性，但毋庸讳言，它也有自身难以克服的弊端。这首先表现在对外来学说不能作客观全面的分析研究，对传统旧学的批判则有虚无主义倾向，甚至全盘否定民族文化。康有为撰述的《孔子改制考》和《新学伪经考》，有许多主观的臆说和曲解。虽然这样做的目的是很明确的，就是为维新变法运动寻找合理的根据，但由此形成的学风则有很多不科学之处。岭南近代史上产生过不少有巨大影响的思想家，却缺乏能够构建严密体系、富于逻辑精神的理论家，这与偏重实用和功利精神的治学风格有着极为密切的关系，这是岭南近代思想文化的又一显著特点。

近代岭南思想文化虽然在某些方面还有许多局限，但其对中国社会发展的贡献是不容低估的。首先，岭南近代思想文化直接加快了中国社会发展的步伐。岭南思想家如康有为、梁启超和孙中山等人，他们既是理论家，又是投身社会改革的实践家，他们在自己的理论指导下，提出了有利于中国社会进步的变革方案。康有为、梁启超直接领导了近代史上最有影响的政治改良运动，孙中山则是资产阶级民主革命的杰出领袖。没有这些思想家的推动，中国社会政治变革的历史脚步恐怕要迟缓得多。其次，近代岭南思想家掀起的思想启蒙运动，猛烈地冲击了封建思想的基础，揭露了专制独裁对个性自由和国民人格的危害，使民主自由的思想传播于中国大地。他们大力宣传西学，倡导面向现实，注重实用的研究方法，直接改变了乾嘉以来训诂考据的迂腐学风，对于开启民智、提高国民的觉悟水平具有积极的意义。

（二）朱次琦、陈澧倡导新学

朱次琦（1807—1882），字稚圭，广东南海人，世称"九江先生"。他学宗宋儒，推尊朱熹的性理学，同时又崇尚顾炎武、黄宗羲的为人，重气节，反对空谈，而务求实用。他说："读书者何也？读书以明理，明理以处事。先以自治其身心，随而应天下国家之用。"他认为"修身之实四，曰：惇行孝弟，崇尚名节，变化气质，检摄威仪"。孝悌做到诚心，便可感化家庭成员；崇尚名节，就应该"谨慎辞受、取与、出处、去就之间，昭昭大节"，如同日月经天；变化气

学海堂、菊坡精舍、应元书院全图

质，贵在"自克而胜气质"，刚柔相济而不任其发展。身体力行，以身作则，是道德修养的基本要术。在对待朱熹的理学与王阳明心学的态度上，朱次琦褒前贬后。他认为300年来世风浑浊，人情淡薄，皆源于王氏心学的弊端——脱离实际，不切实用。他力主学风变革，提倡实用精神和经世致用学风，发扬了我国古代学术的优良传统，并对此进行总结和改造，从而寻求新的出路。他的思想成为中国古代儒学走向近代社会的中介，在学术传授、发展和人才培养方面做出了很大贡献。

陈澧（1810—1882），字兰甫，广东番禺人，世称"东塾先生"，近代著名学者，"生平无事可述，惟读书数十年，著书百余卷"，倡导新学。1840年起，陈澧在广东学海堂任学长达27年，1867年任菊坡精舍院长。他勤于著述，培育学子，所著书目116种，内容涉及经、史、文、音韵、地理、数学等广泛领域，足见其学问之博大精深。陈澧治学，注重经世致用，强调面对社会实际，反对空谈心性。他著书立说，即因"时势之日非，感愤无聊，既不能出，则竭其愚才，以著一书，或可有益于世"，又认为"吾之书专明学术，幸而传于世，庶几读书明理之人多，其出而从政者，必有济于天下，此其效在数十年之后也"。正由于强调面对现实，注重学问的社会功用，所以陈澧在近代中国较早提出读书人应充分重视自然科学，如天文、地理、数学及各种专门技术。他自己便长期在自然科学领域探索，在地理学的研究方面取得卓著成果，所著《水经注提纲》《水经注西南诸水考》至今仍有重要参考价值。1864年，他应聘负责总核《广东舆地图》，对当时的国防、外交和水利建设都起了重要作用。但陈澧在近代岭南思想文化上的贡献，主要还在于"引导人们从乾嘉年间埋头考据的狭窄天地破墙而出，又极力纠正学术界中汉学宋学的门户纷争，使之各展所长而避其所短，大力提倡以考据训诂为手段以达到阐明义理的目的"，从而开创了一代新学风。陈澧执教于广州数十年，桃李遍布岭南大地，为近代中国文化与政治改革培养了一些重要人才。他的不少思想观点，在以后康有为、梁启超的身上留下了深刻的印记。

（三）洪秀全、洪仁玕思想与太平天国

洪秀全（1814—1864），广东花县（今广州市花都区）人。他是中国历史上规模最大的农民运动的领袖，1851年率众在广西金田起义，建立太平天国，两年后攻克南京，颁布了《天朝田亩制度》。

太平天国运动是在鸦片战争内忧外患的困境中，岭南人第一次北伐。其指导思想是"拜上帝教"。洪秀全写了《原道救世歌》和《原道醒世训》，稍后的《原道觉世训》成为后来太平天国将士的信条。他的思想在近代中国思想史上有着与众不同的特色，主要表现在他对西方基督教神学的改造上。他肯定《劝世良言》"尽除去各种偶像"、消灭欺诈残杀、上帝面前人人平等的思想，但同时又对基督教的教义做了许多重大改造，否定其逆来顺受、怯懦退避和听凭命运摆布的主张，而注入许多洪秀全本人的观点。洪秀全首先确立了"皇上帝"至尊无上的独立地位，反对源于佛道二教的各种偶像崇拜，以及世人崇拜的神仙菩萨，对儒教进行了尖锐批判，认为孔子属于皇上帝扫荡的妖人之一。洪秀全的宗教理论包含着因果报应的思想因素。洪秀全及其天国将士的社会理想是在皇上帝的指引下创建一个太平公正的世界。攻克南京后太平天国颁布的《天朝田亩制度》，对这一理想社会在土地、财产等重大问题方面做了不少原则性的规定，希望做到"有田同耕，有饭同食，有衣同穿，有钱同使，无处不均匀，无人不饱暖"，人与人友善平等。洪秀全的思想充满了矛盾，但其思想和行动典型地表现了岭南文化非规范、非正统的特质，人们常用其诠释岭南人的叛逆性和选择精神。

洪秀全的族弟洪仁玕（1822—1864）同样吸收西方思想，但与洪秀全完全不同，其思想客观上代表的是一种新型生产力的发展要求，在思想领域的开创精神是十分明显的。他是近代岭南最早涉猎西方政治与经济文明的思想家，他的《资政新篇》（1859年提交给洪秀全）所阐述的建设方略，不仅表明他在积极地向西方学习，探求近代西方文明的物质根源，同时也表明他在努力摆脱《天朝田亩制度》的空想性，希望

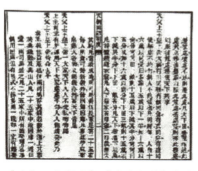

《天朝田亩制度》《资政新篇》书影

通过洪秀全的施政纲领将太平天国尽快地引向新的发展轨道。《资政新篇》希望太平天国能够迅速建立近代机器工业和交通运输业，发展资本主义经济成分，学习西方的自然科学和工艺技术，保护个人资本和创造、发明专利。书中还提出了许多使中国尽快走向资本主义工业化道路的主张，诸如"兴车马之利，以利便轻捷为妙"，"兴舟楫之利，以坚固轻便捷巧为妙。或用火用气用力用风，任乎智者自创"，"兴宝藏。凡金、银、铜、铁、锡、煤、盐、琥珀、蚝壳、琉璃、美石等货，有民探出者准其禀报，爵为总领，准其招民采取"。《资政新编》提出的全套建设方略未能施行，但表明岭南人已率先要求打破传统经济模式的束缚，全面地发展现代物质文明。

（四）近代岭南早期改良主义和新政理论

近代岭南早期改良主义是由郑观应等人创立的。郑观应（1842—1921），字正翔，广东香山县（今中山市）人。他1858年赴上海，在宝顺洋行学习商务，开始了一生中最重要的买办生涯。自19世纪80年代起，郑观应与洋务派发生广泛的联系，除投资开平煤矿外，另与盛宣怀等人在登、莱、青、锦四州筹资开采五金矿藏，积资达数十万两之巨。晚年他致力于宣传和发展教育工作，担任招商局公学住校董事和商务中学名誉董事。郑观应著有《救时揭要》《易言》和《盛世危言》，其中《盛世危言》直接宣传了他的改良主义思想，影响巨大，成为中国资产阶级早期改良主义的思想代表。

重商主义是郑观应思想体系的核心。他在《盛世危言》"商战篇"中指出，重兵战，而忽视发展民族工商业，是近代历次战争中国败北的重要原因，也是洋务运动一个极为致命的弱点。郑观应主张使商业成为整个社会政治、军事、工业、农业、教育等领域的根本物质基础，商业的振兴在增强中国的整体国力方面是起决定性作用的："士无商，则格致之学不宏；农无商，则种植之类不广；工无商，则制造之物不能销。是商贾具生财之大道，而握四民之纲领也，商之义大矣哉"。郑观应认为习兵战，不如习商战："兵战"仅为"有形之战"，而"商战"为"无形之战"，兵战治标，商战固本。如果能做到"中国所需于外洋者皆能自制，外国所需于中国者皆可运售"，即"决胜于商战"，中国自能转弱为强，转败为胜。在阐述商战论的同时，郑观应还猛烈批评了洋务派。为推进商战，郑观应先后向清王朝提出了裁撤厘金、设立商部、授予商人自由投资权、提高商人政治地位等一系列主张。

《盛世危言》首次提出了开设议院的改良主义思想。他认为君主专制国家一切权力集于帝王之手，所作决策因帝王深居简出而远离社会民众的实际需要。君主立宪的政体则较易于反映民众的心愿，是"治乱之源，富强之本"，能使中国"富国强兵，为天下之望国"。

郑观应还首先提出兴办新式学校的思想。他认为新式人才是国势强盛的人力基础，只有广兴新式学校，才能推动科技工艺的进步，培育出适应时代需要的人才。郑观应较早地意识到传统教育方式和八股取士的做法存在着种种弊端，认为废除科举制度、开办新式学校，是中国走向自立、富强之路的一个重要因素。在开办新学方面，郑观应特别重视兴办商学，"必于商务局中兼设商学，分门别类，以教殷商子弟"，如此才能"利无不兴，害无不革"，才能培养新的人才，适应现代商战的需求。

《盛世危言》等书影

　　《盛世危言》1894年出版，在社会上产生了巨大的震动，有志之士争相传阅，洋务领袖也借题发挥，数年之间翻刻销售达十余万部。其意义在于否定了中国传统文化中重农抑商思想，提出图存救亡、富国强兵的设想，被视为中国民族资本主义工商业发展、求取独立的先声。《盛世危言》所宣扬设议院、办学校、开工矿、废厘金等主张，后来在康有为主持的百日维新运动中几乎无一例外地被采用。

　　19世纪80年代，中国社会动荡不安，洋务运动进退维谷。在这样的历史背景下，胡礼垣、何启主张实施"新政"，取法英国，将中国和平地引进西方资本主义国家的发展轨道。他们的一系列论文被汇编成《新政真诠》一书，"新政"思想由此在社会上广为流传。

　　胡礼垣（1847—1916），字荣懋，号翼南，广东三水人。他早年曾攻举子业，屡试不中，后转入香港大书院研究西方国家的文化与政治，曾游历日本等国，晚年返回香港，在文学社任译员之职。1916年病逝后，他的著作被其后人编成《胡翼南先生全集》（60卷）出版。

　　何启（1859—1914），字迪之，广东南海人，生于香港，早年留学英国，返港后任香港议政局议员。1887年发表《中国之睡与醒——与曾侯商榷》一文，名声大振。由于在时局和社会改良问题上与胡礼垣有较多共同看法，两人结下友情。合作而成论文集《新政真诠》。

胡礼垣、何启的新政学说涉及政治、经济、文化、教育等一系列领域，归纳起来有几个方面的思想影响较大。

政治上，要求改变两千多年来凡事一决于君王的封建专制制度为议会制度。他们在《新政安行》一文中指出，"天下有无君之国，不闻有无民之国。民权在，则其国在；民权亡，则其国亡"。权力来自民众，民众是国家政权的主人。至于君王的出现，是适应人民的生存需要，为人民办事而设置的。中国欲恢复民权，需以西方的议会制度来改革中国封建专制的传统。议会和议员的职责在于对君王官吏的行政决策及任免事宜进行有效的监督和节制，维护民众的利益不受侵害。他们认为这方面的杰出代表是英国君主立宪制度，中国应效法。

经济方面，主张全面发展现代工、商及交通运输业，这是中国与西方列强进行竞争的物质基础。他们反对洋务派官督商办的政策，主张听由私人投资兴办工矿、农牧、水产企业，由国家出租土地，给予轻税、免税等优惠政策，使民族资本企业迅速发展。《新政论议》提出"天下之利莫大于商，通商之利莫大于轮舶"。水运与铁路运输发展后，才能货畅其流。在修筑铁路方面，应由民间集资组成股份公司去经营，资金缺乏，国家可以给予资助，但不能向外国高息借贷，否则路权就可能落于洋人之手。这些主张，显然有别于洋务派。

文化教育上，为适应中国将来新政发展的需要，应大力开办新式学校，培养新型人才。学校应增设机器工务、铁路建造和管理、轮船建造与驾驶、电器制造、格物化学、地图数学等科目。学校每年进行两次考试，对合格者分别授予各科秀才、举人和进士执照，作为政府部门和社会工商业界的储备人才。

胡礼垣、何启的新政思想在当时影响甚大，成为以后资产阶级改良运动的一个重要思想渊源。他们为创办民族工商业，发展交通运输业，兴办各类新式学校，不停地奔走呼喊。这些足以证明他们是富于远见，又注重实干的思想家。

（五）温和改良主义思想家黄遵宪

黄遵宪（1848—1905），字公度，广东嘉应（今梅州市）人，是近代中国杰出的爱国诗人和外事活动家，同时是一位重要的维新思想家。其重要经历有：1876年应顺天乡试中举；1877年赴日本任使馆参赞；1882年离日赴美任旧金山总领事；1895年加入康有为主办的上海强学会，开始从事资产阶级变法维新的宣传活动；1897年入湘署理湖南按察使，协助巡抚陈宝箴制订了一系列改革章程；戊戌变法失败后，罢归故里，从事地方教育事业。其代表作有《日本国志》和《人境庐诗草》等。

黄遵宪认为，中国应积极效法日本明治维新运动，将君主独裁的清王朝转变为君主立宪制的国家。社会改良的首要目标是以改革官僚制度为重点的政治体制改革。他认为日本施行的三权分立制度最适合于当时中国的社会环境。议政与行政的分开可有效防止官吏欺凌百姓和独断专行，并起到相互约束与监督作用，保证各项改革措施和政策顺利地推广和遵守。

他指出，农村的家庭经济是在孤立封闭的小圈子里运转，无法适应国际环境的开放需要。改变中国的经济困境，需推行"殖物产、兴商务"的新经济政策。他希望清政府能为民族工商业的发展广开绿灯，建设各类新型工厂，办起商法会议所和商法学校，培养为工商业发展所需的大量技术人才，通过这些措施，尽快地使中国走向资本主义工业化的道路。

中国维新运动的目标是建成君主立宪的现代国家，但这一目标的实现，有待于民众素质的极大提高，否则经济改革与政治改革都将无法起步。黄遵宪认为，中国百姓大都"懵然无知""碌碌无能"，没有权利意识和独立精神，在强者面前唯唯诺诺，缺少抗争精神。因此，必须兴办各类新式学校，组织各种学会，对民众进行现代教育，务使"民智渐开，民气渐昌，民力渐壮"，为中国开设议院，实施宪政创造良好的社会基础。

虽然黄遵宪的思想主流是温和的改良主义，但在某些时候，他的思想也呈现出一些激烈的反抗精神，如对清王朝的文化专制政策，特别是文字狱的屡屡发生，他愤慨地指出，"其文字之祸，诽谤之禁，穷古所未有"，结果使得"一切士夫习为奴隶而后心安"，使学术走入无用的死胡同，使正直磊落之人一再受到打击和迫害。其攻击批判可谓尖锐。

（六）康有为、梁启超的维新变法和文化思想

近代岭南最杰出的改良主义思想家当数康有为及其弟子梁启超。他们关于社会政治及民族文化的学说对中国传统文化及社会结构曾发生过极为强烈的冲击，在中国近代社会的发展过程中产生过相当重要的影响。

1. 康有为的变法理论与实践

康有为（1858—1927），广东南海人，字广厦，号长素，世称"南海先生"。家世士族，以理学传家。康有为幼读诗书，通晓儒学经典。17岁时初读《瀛环志略》，方"知万国之故，地球之理"。1882年康有为赴京应乡试不第，回粤经上海时，始知西方各国"治术之本"，于是"大购西书以归"。马江战败后，康有为认识到国势颓败，

康有为和梁启超

只有改弦更张，及时变法，方能挽回危局，从而萌发变法维新的思想。自1891年起，康有为在广州长兴里创设万木草堂，以"激励节气，发扬精神，广求智慧"为宗旨，广授门徒，宣传变法维新的主张。1895年，甲午战败，《马关条约》签订在即，康有为、梁启超联合18省举人1300余人，发动了震动朝野的"公车上书"事件，提出"迁都、练兵、变法"三项建议。1898年6月，康有为终于策动光绪皇帝开始变法维新的改良运动，提出了一系列重大创议，他自己也走到了一生政治生涯中最辉煌的顶点。百日维新失败后，直到五四运动前后，他始终站在君主立宪的立场上，思想日趋保守僵化，终于落后于时代潮流。康有为一生重要的著作有《新学伪经考》《孔子改制考》《戊戌奏稿》《春秋董氏学》《礼运注》和《大同书》等。

康有为构建的改良主义学说，贯穿着以经世致用为特征的岭南文化传统。他的维新思想不仅带有救亡图存的历史意义，而且敢于打破封建教条的精神禁锢，一时振聋发聩。

（1）变法维新

康有为变法维新的政治主张，是以西方庸俗进化论为哲学基础的，并具有不少朴素辩证法的因素。他认为，"天地之本，皆运于气"，气无形无色，却是构建万物的前提，"天地万物同资始于乾元，本为一气"。气的本质特征是它的善变性，因而"变"也可看作整个宇宙的根本规律。"变者，天道也。天不能有昼而无夜，有寒而无暑，天以善变而能久。火山流金，沧海成田，历阳成湖，地以善变而能久。人自童幼而壮老，形体颜色气貌，无一不变，无刻不变。"社会制度包括法律制度的沿革同样遵循这一原则，"随时也立义，时移而法亦移矣"，这对传统的"天不变，道亦不变"的观念是一个有力的冲击。康有为变革中国传统社会的主张，包括相互联系的三个方面，即文化、经济和政治方面的内容。

文化方面，他继承和发展了容闳和郑观应等人的主张，提议创办新式学堂，废除科举制度。他认为，"泰西之强由于人才，人才出于学校"。中国变法维新的成败，一定程度上系在民智开发的水平上。如能废止八股取士的制度，广开新式学校，推进科学事业，使四万万民众在智能上都有所提高，那么中国的变法，在三年之内必有大的成功。他还主张通过选派留学生和创办学刊、学会，推进民智的提高和变法维新的进程。特别是在诸如"农工商矿、工程机器，皆我所无"的学科领域，选派大量青年留学于先进的工业国家，以"通世界知识，养有用之才"。这些主张，推动了近代中国人到海外留学的热潮。

政治方面，康有为认为"治本"须先定"国是"，解决一个根本的问题，即政体选择的问题。他的理想目标是建立"君与国民共议一国之政法"的政体，即三权分立的君主立宪政体。三权，指议政、行政和司法权。"三权立，然后政体备"。康有为希望借鉴日本的经验，走明治维新道路，建立君主立宪的政体。

经济方面，他认为人民的富裕生活是国家强盛的起点，而改变人民贫困的现状，只有全面系统地改造旧有的社会经济结构，发展工商业与新型农业，使之成为社会强大的经济基础。因此，全国各地应建立商会，兴办商学和商报，宣传新经济思想，改造旧的经济形态。

（2）大同理想

除了上述变法维新的主张，康有为早期宣传的大同理想，在中国近代思想史上也具有重要的地位。在他的《礼运注》和《大同书》中，康有为把公羊三世说与近代西方的天赋人权理论，以及佛教、基督教的有关思想杂糅一体，设计出一个带有空想色彩的大同社会，在这个社会中，实行"公工、公农、公商"，没有贫富不均，完全遵循"天下为公""一切平等"的法则。大同社会中"人理至公，太平世大同之道也"。因此大同社会体现的主要精神就是保障人世间的一切事象公正、公平、合理。此外，在大同社会中，科学高度发达，机器生产取代了手工劳动，生产效率比往常提高百倍千倍以上。康有为的大同理想，虽然带有空想色彩，但它与洪秀全的"无人不饱暖"的小农天国有着本质上的区别。

（3）万木草堂与新式教育

1891年至1895年之间，康有为在广州万木草堂改变教学方法和教育内容，灌输新的社会思潮，使教育直接面对中国社会的现实。他所教学生约千人，思想影响波及省内外各地，造就了大批杰出人才。陈千秋、梁启超、曹泰、徐勤、梁朝杰等"长兴里十大弟子"是众多弟子中的俊彦，后来大都成为维新思潮和改良运动的干将，部分学生甚至成为资产阶级革命派的重要成员，在当时中国的政治与文化领域叱咤风云。

2. 梁启超对国民精神的批判及其新民学说

梁启超（1873—1929），字卓如，别号饮冰子，世称任公，广东新会人。他天资聪颖，11岁考取秀才，16岁中举人，其后在广州学海堂继续求学。1891年入万木草堂，拜康有为为师，接受变法维新思想。从此直至戊戌变法失败，他在政治、思想上一直是康有为的得力助手和干将，世称"康梁"。梁启超历经戊戌变法、辛亥革命、北洋军阀时代及第一次国内革命战争，是一个在许多领域都留下过复杂影响的思想家、政治家。

梁启超的变法主张主要包括废除封建独裁，实行君主立宪；改革官吏选拔考核制度；开办新式学校；发展民族工商业；开设报馆，鼓吹言

万木草堂旧照

论自由；鼓励研究自然科学和发明创造，等等。戊戌变法失败后，梁启超思想趋向激进，率先揭起了国民精神批判的大旗。他指出，世界海路开通后，民族之间的竞争就成为不可回避的现实。制约国家强弱的关键，取决于国民的总体素质，尤其是国民精神："夫列国并立，不竞争则无以自存。其所竞者，非徒在国家，而兼在个人，非徒在强力，而兼在德智，分途并趋，人自为战，而进化遂沛然莫之能御。"国民精神是一个民族世代相传的观念传统，直接支配着国民素质的发展和民族力量的发挥。中国自鸦片战争以来屡战屡败，溯因于国民精神的痼疾和弊端。

梁启超批判的主要目标是中国国民性的基本特征——奴性。国民不论地位尊卑、学问深浅，无不染有奴性，特别是在八国联军破关入侵后，奴性显得更为突出。奴性的危害并不仅止于躯体遭人驱驰，更在于整个国民精神中都浸染着这种自我屈辱的因素，压抑着人的个性，使人的灵性完全丧失，从而彻底堵塞了国民的创造力和社会进化的源泉。

在如何铲除奴性，培育具有时代精神的新民方面，梁启超把希望寄托在对旧的文化传统和专制政体的彻底否弃上。梁启超认为，对孕育奴性的政治土壤和文化氛围彻底地加以破坏，这是改变国民精神不可或缺的措施："必取数千年横暴混浊之政体，破碎而齑粉之，使数千万如虎如狼如蝗如螟如螣如蛆之官吏，失其社鼠城狐之凭借，然后能涤荡肠胃，以上于进步之途也；必取数千年腐败柔媚之学说，廓清而辞辟之，使数百万如蠹鱼如鹦鹉如水母如畜犬之学子，毋得摇笔弄舌舞文嚼字为民贼之后援，然后能一新耳目以行进步之实也。"

梁启超批判国民奴性，创立"新民说"，其影响之深远，在近代中国启蒙思潮中可谓绝无仅有。新文化运动的巨子陈独秀、鲁迅等人可以说都是在梁启超的学说影响下逐步成长起来的。陈独秀在1916年的《驳康有为致总统总理书》中感慨地谈道，"吾辈今日得稍有世界知识，其源泉乃康梁二先生之赐。是二先生维新觉世之功，吾国近代文明史所应大书特书者矣。"民国年间国民精神批判的巨子鲁迅受梁启超新民学说的影响更为直接。梁启超的有关论著大都发表于《清议报》和《新民丛报》上，鲁迅自认为是这些报刊的最积极的读者。青年时期的毛泽东，从1910年至1913年对梁启超的论著从未中断研读，甚至在文风上亦加模仿。梁启超号"任公"，毛泽东少年时曾自称"子任"；梁启超主张"新民"，毛泽东则组建了"新民学会"，其后更大力开展农民运动，去教育农民、改造农民，提高农民的觉悟。

（七）孙中山的哲学思想与三民主义

岭南地区是近代资产阶级民主革命的发源地，孙中山即是这块文化土壤培育出来的中国最伟大的资产阶级革命家和思想家。

孙中山（1866—1925），原名文，号日新，后改号逸仙，在日本时易名中山樵，世称中山先生。13岁时在檀香山初识西方社会，遂"慕西学之心，穷天地之想"。1892年毕业于香港西医书院，其后行医。1894年上书李鸿章提出国家富强之本不在船坚炮利，而在"人能尽其才，地能尽其利，物能尽其用，货能畅其流"。上书失败后他踏上武装反清道路，发起多次起义；组织中国同盟会，宣布"驱除鞑虏，恢复中华，创立民国，平均地权"的革命宗旨，随后提出民族、民权、民生的三民主义纲领。1911年辛亥革命推翻了清王朝，翌年孙中山就任中华民国临时大总统。不久袁世凯窃取政权并恢复帝制，孙中山发动讨袁护法运动，任中华民国陆海军大元帅。1925年病逝于北京。

孙中山在政治上是一位伟大的资产阶级民主革命先行者，在思想领域也有杰出贡献。他的《建国方略》一书，包括"孙文学说""实业计划"和"民权初步"三个部分，比较集中地反映了他的哲学理论和社会政治学说。

1. 哲学思想

进化论是孙中山哲学思想的基础。他把世界进化由低向高分为三个

民国版本《三民主义》书影

阶段。第一阶段是物质进化时期，即整个天体宇宙的生成时期。"地球本来是气体，和太阳是一体的。始初太阳和气体都是在空中，成一团星云，到太阳收缩的时候，分开许多气体，日久凝结成液体，再由液体固结成石头"。物质进化到一定时期，世界便进入物种进化阶段。孙中山接受西方的细胞学说，认为细胞是构成一切动植物的基本元子，是生命的最初起源；同时采纳孟子的良知良能说，认为细胞有知觉，具备认知能力。世界进化的最高阶段是人类产生以后。人类固然是从动物世界中逐步进化而成的，但人类社会的进化不同于动物世界，不是按照生存竞争、适者生存的原则进行的，而是遵循某种互助原则，这种原则根源于人的本性。

在传统知行观问题上，孙中山糅合中西思想，体现了岭南文化重实干、轻空谈的文化特征。他反对"知之非艰、行之惟艰"的观点，而提倡"行易知难"，主张高度重视革命的实践活动，号召同志"不知亦能行，能知必能行"，摆脱教条束缚，勇于在探索中进取。孙中山将人类的知行活动分为三个发展阶段："第一由草昧进文明，为不知而行之时期；第二由文明再进文明，为行而后知之时期；第三自科学发明后，为知而后行之时期"。他认为"知"就是科学知识和社会进化学说，

"行"则是人们从事的各种活动，即习练、试验、探索和冒险，其中主要是各项生产活动。从对知行赋予的内涵看，孙中山知行学说已经达至传统知行观探索所达到的境界。

2. 三民主义

三民主义是孙中山最重要的政治学说，其中民权主义可看作这一思想体系的灵魂，是践行民族主义，推翻清朝封建专制，使中国立于世界民族之林的根本保障。在他看来，中国社会的中心问题首先在于推翻暴君独裁制度，建成以自由平等为原则的民主共和国而立于世界，这是人类社会发展的大趋势。政治革命的成功会直接推动社会民生的改善和发展。

民生主义是三民主义学说的经济基础。孙中山不赞同阶级斗争学说，主张本着人类共同的生存需求，使社会上多数的经济利益相调和，使社会在一种和平与调和的过程中获得发展。民生主义的重要内容包括平均地权和节制资本。平均地权，即《同盟会宣言》强调的，"当改良社会经济组织，核定天下地价"。在解决农村土地占有不均问题上，孙中山不赞成没收地主土地给无地农民的"简单共产"办法。他认为，"我们所主张的共产，是共将来，不是共现在。这种将来的共产，是很公道的办法。以前有了产业的人决不至吃亏。和欧美所谓收归国有，把人民已有了的产业都抢去政府里头，是大不相同的"。他反对"夺富人之田为己有"的暴力剥夺方式，主张核定全国地价，按地价征收地税；社会改良以后土地增价部分全部归国家所有。因此，平均地权不是平均土地，也不同于太平天国的"耕者有其田"，而在于改良社会经济组织。孙中山认为，随着工商业的发达，多收地税，一方面可以消除富人垄断社会财富现象，克服社会的贫富不均，另一方面又可以防止出现激烈的社会冲突。以上观点，有孙中山作为资产阶级革命者的局限性。

民生主义的另一个内容是节制资本。孙中山认为必须采取节制私人资本、发展国家资本的办法来克服私人资本发达后造成的贫富分化。他在《中国国民党第一次全国代表大会宣言》中指出："凡本国人及外国人之企业，或有独占的性质，或规模过大为私人之力所不能办者，如银行、铁道、航路之属，由国家经营管理之，使私有资本制度不能操纵国民之生计，此则节制资本之要旨也。"但在节制资本的同时，也要认识到私营经济的高效率。"私人之经营，往往并日兼程，晷之不足，继之以夜。官之经营，则往往刻时计日，六时办事，至七时则认为劳，一日可完，分作两日而犹不足"。因此在选择未来经济所有制方面，孙中山主张国营与私营并举，凡是可以由个人经营的竞争性行业，"应任个人为之，由国家奖励，而以法律保护之"。政府还应改良税制和"紊乱之货币"，为私营经济发展"辅之以利便交通"。

八、岭南文化的现状和未来走向

对新时期岭南文化现状的把握，不仅需要探究岭南文化的延续性影响，更需要观照社会转型期特定的政治经济运作对其成形的塑造作用，分析新时期岭南文化中的物质文化、制度文化、精神文化的本质特征。展望岭南文化未来，不仅需要基于岭南文化的现状揭示其所存在的问题，更需要以当代世界文化发展进程为参照系，指出其未来走向。

（一）在新时期的延续发展

岭南文化发展至今，走过了漫长的历史过程，经过多次的历史嬗变。新中国成立后，岭南文化发生了质的变化，开始了岭南文化社会主义的发展阶段。党的十一届三中全会后，岭南文化的发展又进入了一个新的历史时期。党的十八大后，岭南文化在新时代中又获得新的发展。当今，岭南文化的一切成就、问题，都是岭南文化的遗产、岭南文化的延续。它不仅积累了大量固态的文化成品与遗存，也创造了具有坚韧生命力的文化精神，对岭南文化的现状，构成了延续性影响。因此，我们把握岭南文化现状时，必须探讨岭南文化传统中具有延续性影响的因素，以便寻求一种历史性的诠释背景。

岭南文化在新时期延续发展的影响是多方面的。有关物质文化、制度文化延续发展的影响，我们在下面作简要介绍，这里，只对岭南文化本质影响较大的精神文化的几个方面作些介绍。

1. 消费性（安乐性）

岭南地区独特的自然条件使它有别于传统的自然农业社会。岭南"人多务贾与时逐"，"农者以拙业力苦利微，辄弃耒耜而从之"。商业贸易活动是岭南极为重要的生产和生活方式。美国当代文化人类学家托马斯·哈定说："在特定的历史—环境条件下，一种文化就是一种与自然界和其他文化发生相互联系的开放系统。它的地域特征会影响它的技术成分，并通过技术成分再影响到它的社会成分和观念成分。"商业

广州外销画中的市民生活

贸易活动鼓励并促进及时消费，同时岭南物产的丰富给这种消费提供了可能。岭南地区一直有"贱啬贵侈"的习俗和心理。据载，"粤人自奉颇厚"，"乡落富民，器服相高，宫室雕镂，富而厚生，其俗各相周而喜竞争"。到了明末清初，随着商贸经济的进一步发展，岭南社会的消费挥霍现象也愈演愈烈。

2. 非规范性（非正统性）

商业活动把经济效益放在首位，这一价值取向必然在日常生活中淡化政治和意识形态的色彩。商业活动讲求等价交换、平等竞争和私有权的保护，所以，商业精神必然与封建等级专制相对抗。从正统意识形态立场出发，必然得出"无商不奸"的结论，产生抑商政策。在儒家文化看来，"士农工商"这一等级序列具有天生的合理性。但在传统的岭南社会，由于工商活动的普及性和渗透力，商人渐有势力，而绅士渐退。商与官近，至以官商并称，通常言保护商民，殆渐打破从来之习惯，而以商居四民之首。可见，在传统岭南社会，非规范性的文化心理是具有社会基础的。另一方面，传统岭南社会大体被视为"化外"之区，岭南人大多具有"流民"意识。这使得传统岭南社会较少受到中国封建社会中儒家正统意识的束缚，能够面对现实，善于应变，表现出对正统的、规范化的、意识形态化的儒家文化的蔑视和反叛。据载，"粤人好大而喜新，急功而易动……有能以新学说新主义相号召，倡者一而和者千，数日之间，全省为之响应。虽以势力制之，此伏而彼起，莫能遏其焰。故有利用之以作奸犯科者，有善导之而创立功业者，皆较他省易于措施"。"非规范性"就是对正统的、不合时宜的、扭曲人性、陈旧落后、阻碍进步的文化规范的反叛。岭南文化具有善变性、功利性、现实性、自然性等特征，都可以从岭南传统文化的"非规范性"特征上找到解释。

3. 世俗性（平民性）

商业活动的发达，在淡化社会正统意识形态色彩的同时，也造就社会的平民阶层，促使"市民社会"兴起。平民阶层、"市民社会"较少受土地、家族、礼教的束缚，讲求人际的平等和人性的自然，讲求俗世生活的情趣化。《岭外代答》记载"南海四郡"不愿出仕而愿出钱请人代为做吏，传统岭南社会流行"田可耕不可置，书可读不可仕"的观念。不把入仕途作为生活的唯一寄托，这在岭南社会生活中是相当普遍的文化现象。《广东新语·宫语·濠畔朱楼》载："当盛平时，香珠犀象如山，花鸟如海，番夷辐辏，日费数千万金，饮食之盛，歌舞之多，过于秦淮数倍。"这是典型的市民文化特征和平民阶层心态。台湾已故著名学者唐文标精当地指出："市民文化的中心议题当在'文化'和'消闲'的交互关系。就是说，聚居在大都会的市民，挣脱了农业工作所必需的冗长关注和辛劳，而有大量剩余的空闲时间，他们要找寻闲暇的去处，解闷的乐子。"

当然，岭南文化还具有重商性、务实性、开放性、创新性、兼容性、直观性等特征（如第一章所述）。因消费性、非规范性、世俗性三种特征对当代岭南文化具有明显的影响，本章在分析岭南文化现状时，特予以简要阐述。

可以说，岭南文化的消费性、非规范性、世俗性特征，决定了岭南文化本质上是一种世俗文化，这种世俗文化乃孕育于传统岭南社会以商业贸易为主线的多元一体化经济结构。当代岭南社会的基本生活内容及贯穿线索仍然是商贸活动，它与传统岭南社会之间具有同质性一面。应该把这些特征视为具有延续性影响的文化观念，对岭南文化的现状作纵深的透视。

岭南文化传统中的上述特征，大大淡化了儒家文化中的意识形态和道德教化色彩。它促使传统岭南社会较早、较顺利地向近现代工商社会转化，促进岭南文化向"近代"文化的转型（"近代"是相对于"中世纪神权社会"和"封建君权社会"而言的，非纯时间概念）。

美国当代文化人类学家塞维斯在研究文化进化的"潜势法则"时指出，"那些不同的、相对没有进化的文化，则适合于完成突然的飞跃"，从而"后来者居上"。这条潜势法则揭示出文化的兴盛与衰亡的规律：既有的文化兴盛地区在社会变迁过程中极易导致既有文化的衰亡；而既有的文化落后地区在社会变迁过程中极易促成新生文化的兴盛。岭南社会本为儒家正统文化的"化外"之区，具有远儒性、非规范性特征，但正因此它在近代成了新思想的发源地，不仅进行军事北伐，而且实现"文化北伐"。岭南文化的历史和在新时期的发展印证了这条文化进化的规律。

新时期岭南文化获得长足的发展，不仅得力于岭南的自然环境和社会基础，更主要的是得力于当代广东人敢闯、敢冒险，用足、用活甚至催生了改革开放的精神、政策和措施。

1979年，中共中央确定广东为全国改革开放的试点，目的在于利用广东毗邻港澳及海外华侨众多的优势，在引进外资和外国先进的科技及管理经验方面，起到"窗口"的作用；同时也有发挥岭南的重商性、务实性和开拓性等文化固有优势这类深刻的文化考量。在改革开放的大背景下，岭南文化焕发出勃勃生机。

4. 港澳文化的传播

改革开放以来，作为岭南文化组成部分的港澳文化在当代广东的传播，对广东的经济、社会、文化都产生了深刻的影响。港澳回归后，这种影响的广度和深度还在不断加强。港澳很多文化学者承认港澳文化从总体上，特别是传统上属于岭南文化，但同时认为近代以降其与内地岭南文化存在许多重大区别；小部分学者则倾向于认为港澳文化游离于岭南文化之外。这些可能与地缘政治相关，问题相当复杂。本书在论述岭南文化当代发展时以广东为主，港澳文化与广东文化成相对关系。但这并不影响港澳文化从总体上、历史传统上是岭南文化的一部分。

港澳文化的传播大致经历了两个阶段。第一个阶段是改革开放初期。港澳同胞在经历了近三十年严格的出入境限制之后，纷纷涌入珠江三角洲。于是，从太阳镜、牛仔裤等物质文化产品到影视、音乐、报刊等精神文化产品，以及价值观念等随之传入，打开了人们的眼界。人们无暇分辨，不论精华与糟粕，都大量吸收。第二个阶段是20世纪80年代中后期以后。随着改革开放的深入，港澳与广东的联系进一步加强，以商务活动、公务活动、探亲访友和观光旅游等形式进行文化交流成为文化传播的主要途径。同时，香港传媒对广东的影响非常普遍。这一阶段的特征是，广东文化有选择地进行吸收。

从广东文化在新时期的发展现状看，港澳地区资本主义工商文化对广东社会的影响是不容否认的事实。从积极的意义上说，有人把广东社会称为港澳文化的"窗口"；从消极意义上说，有人把广东社会称为港澳文化的"倾销地"。其实，港澳文化在广东社会的传播并不具有文化征服或侵略的性质，广东社会对港澳文化的接受也并不具有感情上的屈辱色彩。广东社会对港澳文化的接受除了受"地缘""言缘"（粤港澳同属广州方言区和广府文化区）的认同心理作用之外，还存在着"业缘"这一作用因素，即广东社会与港澳社会在生产、生活的方式和内容上具有相关性、近似性。港澳地区是相对发达的资本

20世纪八九十年代广东流行音乐卡带

主义工商社会，主要从事商贸活动，这是对岭南社会重商传统的继承和发扬。现在的港澳文化孕育于工商社会，同时也孕育于岭南文化，共同的典型特征就是重商文化，以及消费性、非规范性、平民性等。当然，广东社会与港澳社会之间由于近代以来社会制度的不同和发展水平的差异，并不具有绝对的同质性。所以，广东社会对港澳文化的认同与接受，既不能简单说成是"崇洋媚外"的心理流露，也不能单纯地说成是对岭南往昔文化情怀的眷恋。这种反叛和确认，既具有传统的合理性（它与岭南文化传统的价值取向近似），也具有现实的合理性（文化的近代化、社会的现代化本质上是一场世俗化运动），有利于实现文化的转型。

5. 特区文化的兴起

随着深圳、珠海、汕头、厦门、海南等特区经济建设的发展，孕育其中，同时反哺母土的特区文化应运而生。特区文化的形成和发展虽然不过40多年，但凭借其强大的生命活力、鲜明的时代特色及卓越的价值取向，在促进传统计划经济向社会主义市场经济转轨过程中扮演了重要

137

深圳经济特区（来源：视觉中国）

的角色，不仅成为岭南文化的有机组成部分，更是岭南文化不断焕发青春的重要因素。由于经济特区自身的特殊性，在市场经济条件下，价值规律发挥着主导作用，特区文化本质上是一种经济文化，竞争观念、效率观念和创新观念是其核心内容，从而对中国传统文化形成有效补充。特区人具有敢闯、敢冒险、敢试、敢为天下先的改革精神，正是这种先行先试的精神特质使特区文化能够领全国风气之先，并且传导到四海之内，反过来又成为自身源源不绝的动力。

6. 现代文化的创造

随着改革开放的不断深入，岭南地区不管是在自然物质文化、社会生活文化还是在精神文化上，都获得了明显的进步。在物质文化建设中，广东特别是珠江三角洲、粤港澳大湾区，已进入中等发达的阶段，现代化特征很明显。制度文化建设也进入一个新阶段，中国特色社会主义经济制度、政治制度和文化制度更加完善，国家治理体系的建构和运行更为科学。特别是广东经济体制的改革，一直走在全国的前面，创造了许多体制、机制，社会主义制度更彰显优越性和强大生命力。社会生活结构从传统向现代的转型及制度文化的变革，必然带来精神文化的更新，一系列与现代社会相吻合的文化观念正在广东得到确立和发展。竞争意识得以强化，与竞争意识相关的效益意识、时间意识和创新意识得到发展。深圳率先提出"时间就是金钱，效率就是生命"，就是这种竞争意识的强烈表现。平等参与和民主法治意识得以确立和发展。社会主义核心价值观成为广大干部群众行为的准则。随着社会文化生活的多元化和物质生活水平的提高，广东人开始讲究个人品位，并注重全面发展，精神文化生活呈多元化、个性化的发展趋势。

7. 公共文化的迅速发展和文化产业的兴盛发达

公共文化是文化发展的重要内容和尺度，改革开放后，广东的公共文化建设下了大手笔，发展迅猛，成果斐然。岭南传统文化具有的消费性（享乐性）、非规范性（非正统性）、平民性（世俗性）等特征，在改革开放中，进一步发展。道德教化与意识形态色彩在岭南，本来就相对淡薄，人们喜欢追求俗世生活中的官能享受，从个体感受出发，追求生活的情趣化。改革开放后，岭南人更加追求潇洒的生活。在当代岭南社会，市民阶层的文化活动更加明显地具有类似特征——官能的愉悦享受、情感的宣泄表现、烦恼的安抚平息、闲暇的娱乐放松。（文化产业在后面介绍）

（二）机遇与挑战

1. 发展机遇

党的十八大后，岭南文化发展进入新时代。在习近平新时代中国特色社会主义思想指引下，广东坚定文化自信，理性地审视区域的历史文化传统及现状，向着建设文化强省的目标阔步前进。面对新时代的召唤，广东作为岭南文化的集大成之地，把握发展规律与时代精神，努力实现区域文化事业和文化产业的跨越式发展，争当建设社会主义文化强国的排头兵，取得巨大成就，为实现第二个百年奋斗目标和长远发展的理想打下了坚实的基础。

物质文化是人类文化的物质基础。20世纪80年代以来，广东成为中国改革开放的前沿和开展国际贸易交流合作的窗口，从落后的农业省份一跃成为排名全国第一的经济大省，逐步达到中等发达国家水平，现代化特征明显，特别是粤港澳大湾区尤甚。广东人以其独有的精神特质创造了一个又一个奇迹，2021年，广东省地区生产总值超过12万亿元人民币，进出口名列全国前茅，建立了一个部类比较全面、结构比较合理、运行比较顺畅、品质比较优秀的经济体系，工业、交通、农业、商业、贸易、科学、文化、教育等都得到很大发展。全省农村提前脱贫，全面建成小康社会。经济繁荣，交通发达，物产丰富，市场兴旺，社会祥和，百姓富足，生活幸福，广东在物质文化建设方面一直走在全国前面，率先发展，起着排头兵的作用，有许多可圈可点的地方。

在制度文化建设方面，广东一直是改革开放的试验区，走在全国改革开放的前列，全国有数的经济特区，广东就占了三个。新中国成立后，我国确立了社会主义制度。改革开放以来，我国在经济、政治、文化的各个领域实行了一系列改革，我国社会主义的经济制度、政治制度、文化制度进一步得到巩固、完善和发展，中国特色社会主义进一步完善和发展，中国式的国家治理进一步迈向康庄发展大道。广东积极参与，在体制改革方面更是一马当先。广东人以大无畏的创新精神，"敢于杀出一条血路"，先行先试，率先改革开放，创新了许多新体制、制度，特别是经济管理制度（体制）：第一个经济技术开发区，第一个放开价格，第一个吸收外资，第一个实行混合经济，第一个创办外资企业，第一个引入洋厂长，第一个引进国外企业管理制度，体制改革的许多第一是在广东实现的。广东在体制改革中，做了大量工作，取得许多成果和经验，特别是深圳特区，是频出新体制、新制度、新经验的地方，一直是体制改革的领头羊，引领我国社会主义制度文化建设和发展，有力地推动了我国经济体制的改革，促进了改革开放和现代化建设。

在精神文明建设方面，也取得巨大成就。在经历了持续多年经济领先全国之后，广东已经不满足于经济强省的地位，而寄望成为在全国具有重要影响力的区域文化中心、发展社会主义先进文化的排头兵、提升我国文化软实力的主力省和中国文化"走出去"的生力军，在加强物质文明建设的同时，加强精神文明建设，努力建设文化大省、文化强省。在思想道德建设方面，坚持马克思主义的指导地位，特别是党的十八大后，坚持习近平新时代中国特色社会主义思想的指导，坚决拥护"两个确立"，努力增强"四个意识"，坚定"四个自信"，做到"两个维护"，在思想政治上同党中央保持高度一致，思想活跃，思想政治生活比较生动活泼。认真贯彻执行党和国家有关规定，党风民风有了很大好转。积极践行社会主义核心价值观，社会风气日益改善，风清气正的风气不断形成与发展。科学、教育、文化、体育、卫生等事业有了长足的进步，特别是科学与教育，由于历史原因，改革开放前，广东科学与教育的布局和投入都受到较大影响，处于后进状态。改革开放后，广东的科学与教育不仅赶了上来，不少领域还后来居上，迈进全国先进行列。

说到广东文化的发展，有两样不能不说，一是文化产业，一是文化事业（公共文化），这是广东文化建设很有特色的事物。

在新的历史时期，广东的文化产业起步较早，我国文化产业的发展率先在广东突破。中国的文化经济、文化产业，发轫于岭南等先发地区。广东发展文化产业有着良好的经济环境、人文环境、历史传统和丰富的文化资源。文化资源体现在民族的历史、习俗与昔日的知识中，并通过将构想化为实际可行的方案来发挥价值。这些资源不仅包括建筑等有形的物体、物质构件，还包括符号、活动，以及呈现在手工艺、制造与服务上的种种地方性的物质和精神的产物。城市文化资源包括历史产品及艺术遗产，而代表性遗产有建筑、城市景观或地标等。此外，还

一年一度的南国书香节

有公共生活、节庆、仪式，或是故事、嗜好与热情等地方特色和固有传统。文化资源也涵盖了表演与视觉艺术，还有创意产业技术的范围及质量。文化资源是城市的原料及价值基础。广东文化资源呈现国内其他省份少有的丰富多彩，并反映在语言、绘画、音乐、地方戏剧、民俗风情、民间艺术品等多个方面。广州、佛山、潮州、梅州、肇庆、雷州等多座历史文化名城积淀深厚，广彩、广绣、陶塑等传统手工技艺极具岭南特色，木偶戏、粤剧、潮剧更是广东的文化精髓。其地方剧种也是少见的丰富，汉剧、山歌剧、采茶剧、雷剧，加上新型的轻音乐剧、芭蕾舞剧等现代剧种，令人称羡。历史文化的丰富性、厚重性与现代文化的开放性、创新性水乳交融，成为广东发展文化产业的优质资源。改革开放之后，广东逐渐出现了音像制品市场、表演艺术市场、图书报刊市场、电影发行放映市场、电视文化市场、竞技体育市场、流散文物市场、文化旅游市场和工艺美术市场等各种形式的文化市场。20世纪后期，流行音乐、大众文化、娱乐文化随着经济大潮在中国南方海疆浪涌波翻、呼啸而来，岭南文化"猛袭神州"，形成强烈的"冲击波"。商品经济造成了社会生活和个人生活的自由开放，便利的城市公共服务和民生系统，大宾馆对市民的开放，高度的社会流动性，等等，减少了传统生活造成的人身依附和依赖心理，一种更为自主和平等的人格，更为自由开放的风气，也成为"挡不住的诱惑"向内地渗透弥散。商业和市场孕育了新的文化精神，个性意识、民主观念逐步彰显，对物质财富和幸福生活的追求成为个体理所当然的权利。

近年来，广东为加快推动文化强省、"文化小康"建设，相继出台《广东省建设文化强省规划纲要（2011—2020年）》《广东省关于加快广东省文化产业发展的若干政策意见》《广东省公共文化服务促进条例》等文件。党的十八大以来，广东强化"四个意识"，文化强省建设迎来了新的历史性机遇，各项工作亮点纷呈。2017年4月4日，习近平总书记对广东工作做出重要批示，充分肯定党的十八大以来广东各项工作，希望广东坚持党的领导、坚持中国特色社会主义、坚持新发展理念、坚持改革开放，为全国推进供给侧结构性改革、实施创新驱动发展战略、构建开放型经济新体制提供支撑，努力在全面建成小康社会、加快建设社会主义现代化新征程上走在前列。2018年是广东率先全面建成小康社会的目标年，"文化小康"就是全面小康社会的重要内容。广东一手抓文化公共服务、一手抓文化产业发展，推动广东文化事业和文化产业实现双轮驱动，结出硕果。随着具有战略意义的新增长点在产业中的各个门类、各个层面发力，广东文化产业格局逐步调整，门类齐全、结构合理、科技含量高、富有创意的现代文化产业体系渐具雏形。广东把习近平总书记的重要指示和重要讲话精神转化为前进的不竭动力，加快文化产业转型发展，推动文化事业再攀高峰，在文化建设上走在全国前列。"十三五"期间，广东文化产业增加值年均增长超过10%。2019年，文化产业增加值为6227.18亿元，占全国文化产业总量的1/7，连续18年居全国首位，占全省地区生产总值5.77%。全省文化产业法人单位有32.5万家，从业人员314.2万人，居全国第一。广东文化产业各行业门类齐全，产业链条健全，形成了完整的产业体系，培育了一批领军全国的优势产业集群。

在公共文化建设方面，广东下了大手笔，公共文化服务不断提质，群众文化生活日益丰富、活跃、繁荣。党的十八大以来，广东公共文化服务的质量不断提升，让群众有了更多的文化获得感。2021年，围绕"庆祝建党100周年"主题，广东文化发展取得长足发展。全省共建成文明实践中心（所、站）2.57万个，组建文明实践志愿服务队5.15万次，开展文明实践活动260万余场次，组织乡村振兴文明实践主题活动2.8万场次，直接惠及群众6256万多人，组织党史学习教育宣讲5万多场次。建设网络服务中心25921个，图书馆（县以上）150个，美术馆136个，文化馆144个，博物馆352个，乡、镇（街）综合文化站1619个。文明上网蔚然成风，全省仅2021年，共集纳推送重要稿件1360万余篇，开设专题专栏89个，举办网络主题活动760多场次，网络服务中心25921个。公共文化服务的"三百工程"（百场讲座、百场展览、百场演示）进基层。通过一系列政策举措，广东着力破解文艺领域的一些难点问题，推动精品创作，促进文艺繁荣，成绩斐然。在第十四届全国精

2021年度中国游戏产业年会在广州举办

神文明建设"五个一工程"评选中，舞剧《沙湾往事》、歌曲《向往》《爱国之恋》、广播剧《罗湖桥》等4部作品获奖，获奖作品数量在全国各省（区、市）名列前茅。报告文学《中国大飞机》、电影《中国推销员》、电视剧《脊梁》《热血军旗》、纪录片《潮起珠江——习仲勋在广东》、音乐剧《烽火·冼星海》、粤剧《梦·红船》、话剧《韩文公》《信仰》……一批重点文艺和影视作品唱响时代主旋律。"其命惟新——广东美术百年大展"先后在北京、广州、深圳三地举办，形成轰动。群众文艺创作活力迸发，少儿舞蹈《爸妈我想你》、曲艺作品《羊续悬鱼》喜获第十七届中国文化艺术政府奖"群星奖"。广东省群众艺术花会、广东省民歌民乐大赛、粤曲私伙局大赛和"粤读越精彩"阅读推广等一系列群众文化品牌活动广受欢迎。

时代问题是开展研究、进行革新、推进建设的出发点。当今时代是改革的时代，发展的时代，大有作为的时代。伟大的时代，为培育伟大的思想，创建伟大的事业，造就伟大的功绩，提供了时代背景和客观基础，也为岭南文化的"创造性转化"与"创新性发展"，建设社会主义先进文化和文化大省、文化强省提供了机遇。

在新的历史时代，岭南文化的发展迎来了大好的机遇。在国际上，一是当今时代的主题仍然是和平与发展。尽管世界不很太平，有许多不确定因素，但时代的主题、世界的潮流是改变不了的。二是经济全球化、政治多极化、文化多元化、科技信息化、历史进程加速化、社会生活多样化的特征，更为明显。世界性的发展要素，特别是生产要素的流动更加频繁与快速，大流动必然带来大发展，快流动必然带来快发展。三是习近平总书记的"一带一路"倡议、全球治理观，被越来越多的国家和地区所理解、所接受。建立人类命运共同体的宏伟目标不断推进，"一带一路"的建设更是高歌猛进。中国成为世界公认的负责任的大国，在国际事务中发挥越来越重要的作用。这样的国际环境，对于我国的发展，包括岭南文化的发展，无疑是个大好机会。在国内，我国正处在发展的机遇期。我们党实现第一个百年奋斗目标，现正在向第二个百年奋斗目标前进。全国实现了脱贫，全面建成了小康社会，这是世界奇迹。中华民族不仅站起来了，而且不断富起来了，强起来了。国家的富强是我们前进的强大动力，也是我国发展的坚实基础和条件，为我们的发展开辟了广阔的道路。特别是广东，由于先发，发展的要素比较全面，比较成熟，也比较前卫，机遇更多，包括岭南文化在内的发展，有更好的前景。

2. 面临挑战

诚然，我们在看到发展机遇时，绝不能忘记我们面临的挑战。岭南文化在发展的道路上，会遭遇各种各样的挑战，荆棘丛生，举步维艰。当今，世界不很太平，不确定因素增多，世界的经济和政治形势对我们的发展有很大影响，国内也有不少困难与障碍。就文化领域而言，影响岭南文化发展的因素主要有以下四点。

（1）西方资本主义文化的冲击

鸦片战争后，随着西方帝国主义的经济、军事与文化入侵，中国传统文化受到很大冲击，岭南首当其冲。在此进程中，包括岭南文化在内的中国传统文化遭遇了文化激进主义和历史虚无主义的猛烈冲击，先后经历了五四新文化运动反传统的批判、"文革"反传统的扫荡、20世纪80年代文化热中对传统文化的口诛笔伐，致使许多中国人尤其是青年人产生了较为严重的民族自卑的文化心理，对中华民族的光荣传统、优秀文化遗产缺乏应有的尊重和起码的认识与理解。改革开放后，岭南首先打开大门，西方各种文化思潮大量涌入。广东是西方文化进入的前哨，影响尤甚。如对洋节的崇拜和对中国传统节日的隔膜与漠视，反映了国人对传统文化认知和认同的危机。这种文化思潮，是我们建设文化大国、文化强国的大碍，也是我们建设文化大省、强省，发展岭南文化的大碍。

（2）工业化、城市化带来的影响

改革开放以来，中国社会的工业化、城市化进程很快，取得重大成就。与此同时，传统文化生存的土壤发生了巨大变化，其传承发展困难重重。更有甚者，许多传统文化载体，以至文化精神、文化遗产遭到毁灭性的破坏。在城市，大拆大建，许多文化载体被毁坏，以至拆除消失。在农村，中国大量的民间文化遗产基本上是农业时代的产物，生产力的不发达、科学技术的落后、生活环境的封闭和人们外出机会的稀少是许多文化遗产存在的社会生态条件。在农村的城镇化过程中，农村传统文化生存和发展的条件发生改变，民间文化遗产的存在与传承面临许多困难。特别是一些地方的城镇化，农村变成了城市社区，农民变成了市民，村庄消失了，植根于乡土的历史文化记忆也就随之失去了依托，而消亡了。

（3）文化虚无主义、文化复古主义的干扰

在对待中华优秀传统文化的问题上存在一些错误认识，比较突出的是文化虚无主义和文化复古主义思潮。文化虚无主义认为，时代不同了，现在是21世纪了，是现代化的时代了，传统文化早已过时，在今天已失去了存在的价值和意义，甚至认为传统文化对中国的现代化起负面的、阻碍的作用；相反，对待西方文化，却是一味美化、过度赞誉，甚至主张"全盘西化"。现在，国内国外、网上网下都有些言论，贬低中华文化，否定中华民族的历史贡献。在这种情况下，习近平总书记明确提出，"怎样对待本国历史？怎样对待本国传统文化？这是任何国家在实现现代化过程中都必须解决好的问题"，"我们不是历史虚无主义者，也不是文化虚无主义者，不能数典忘祖、妄自菲薄"。与文化虚无主义相反，文化复古主义认为，过去的东西都是好的，应该回到过去，按历史传统办事，主张用儒学解决中国及人类面临的一切问题，要用新儒学指导中国现代化，等等。一些人还借弘扬传统文化之名大搞复古活动，要求一切按古人的行为方式行事，主张死记硬背四书五经，成天穿汉服、行拱手跪拜礼，认为女子应该遵守"女德"，打不还手骂不还口，甚至提出全面"儒化中国"，把儒教当成"国教"。实际上，以儒学为核心的中华传统文化，既有精华，也有糟粕；既有优良传统，也有

不良习惯。即使是优良传统，也因受到历史条件和阶级的限制而存在不合时宜、需要扬弃的地方。因此，想要一味复古，简单地回归传统，是不可能的。

（4）文化功利主义的侵蚀

文化有功利属性，但文化功利主义把这一属性推到极端。它打着弘扬传统文化、发展文化事业的旗号，以赚钱营利为根本目的。有的地区和单位，无论是文化事业，还是文化产业，往往是"利"字当头，首先考虑的不是两个效益（社会与经济）的统一，而是牟利，文化功能大大地被歪曲了。文化被仅仅作为一种助推经济发展的手段，功利主义色彩浓厚，并没有得到真正的重视和传播。近年来，中央提倡弘扬中华优秀传统文化，社会上又出现了"国学热"，诸如"高端国学班""国学总裁班""国学少儿班""国学夏令营""国学女德班"等，多半是打着国学的幌子牟取暴利，严重败坏了社会文化风气。

以上种种，虽然对岭南文化的发展构成挑战，但也为广东推动文化高质量发展提供了难得的机遇。在新的形势下，广东将继续扬优势、补短板、强弱项，发挥岭南文化中心地、岭南考古成果、中国近现代革命策源地、粤港澳人文湾区四个优势，积极彰显岭南文化独特魅力。

（三）未来走向

习近平总书记一再告诫我们，一个民族、一个国家要取得发展，必须弄清我们"从哪里来""到哪里去"的问题。"一个民族、一个国家，必须知道自己是谁，是从哪里来的，要到哪里去，想明白了、想对了，就要坚定不移朝着目标前进。"他还说："要处理好继承和创造性发展的关系，重点做好创造性转化和创新性发展。"岭南文化产生后，经过世世代代的创造，取得巨大进步，今天已进入到中国特色社会主义新时代。在新的历史阶段中，岭南文化应往哪里去呢？

新时代的岭南文化发展，无疑要按照党中央的部署，沿着中国特色社会主义发展的历史方位，服务于党和国家的中心任务，遵循自身的特点和发展规律。我们党已经胜利地实现第一个百年奋斗目标，现正向第二个百年奋斗目标前进，努力实现社会主义现代化，使中华民族以更加昂扬的姿态屹立于世界民族之林。党和国家在新时代到哪里去，目标非常明确，这就是在本世纪中叶把我国建成富强民主文明和谐美丽的社会主义现代化强国。这一目标是全党、全国各族人民的共同任务，也是岭南文化的历史使命。岭南文化发展的近期目标，就是奔着社会主义现代化而去。诚然，各地域文化在奔向社会主义现代化的进程中，会出现不同的特点和路径，在不同的方面做出贡献，突显不同的特色。岭南文化在奔向社会主义现代化的进程中，有许多工作要做，但首先要把握好"到哪里去"的方向。

我们认为，在实现党和国家第二个百年奋斗目标上，岭南文化的发展应在两个方向上发力，做出贡献，显出特色。一是在实现中国式社会主义现代化上，二是在马克思主义中国化上。对于广东来说，这两个目标，不仅必要，而且完全可能。

实现社会主义现代化是全国的共同任务，但广东是试验区、先发区、先行区，其贡献与特色应体现在"先"字上，率先实现现代化，率先取得经验，引领发展。实践是认识的基础，广东处于我国改革开放和建设的最前沿，实践的广度和深度，都是我国之最，无疑是新文化最佳的生长点，是中国特色社会主义思想产生的深厚基础、土壤和摇篮。广东在马克思主义中国化中，要做出贡献，也必然会做出贡献。岭南文化是一种很有特色的地域文化，自成体系，特色鲜明，个性突出。岭南独特的自然环境、生产方式、历史传统，造就了岭南文化特殊的本质和特征，形成了岭南文化特有的品质和风格。这种品质和风格，随着现代化的到来，不但不会消失，反而会因融进现代性，使内涵更加丰富，更有特色，更有生命力。固"根"（加固岭南文化根基）添"土"（增添岭南文化"土"味），是任何时期岭南文化建设万万不能忘记的事情。总之，"现代化""中国化"，是岭南文化在第二个百年奋斗目标新征程

港珠澳大桥（来源：视觉中国）

中的重要目标。

　　我们把握岭南文化的未来，既要建构当前和近期发展的理想和目标，也要放眼世界，立足长远，以全球的视野、历史的眼光，憧憬未来。岭南文化不仅有已经成为过去的光荣历史，有灿烂的现在，还有尚未成为现实的光辉未来。岭南文化一路走来，发展到今天，还处在发展过程中，离马克思预想的自由人联合体中的自由个性的人类文化还很遥远，但它不断向着人类文化发展新阶段迈进。21世纪以来，世界形势发生了很大变化，经济全球化、政治多极化、科技信息化、文化多元化、社会发展进程复杂化，人类的实践活动比过去任何时候都广泛而深刻，推动着包括岭南文化在内的人类文化走向发展的新阶段。这一新阶段文化发展的根本特征就是智能化。社会发展的进程说明，当今正从工业文化向智能文化过渡，一种新的文化形态——智能文化正在形成。

　　智能文化的出现，是人类社会发展的一个新的里程碑。它将引发一场社会大变革，改变人的生活方式、生产方式、活动方式、思维方式，将对"什么是人""人应该是什么""人应该怎么样""什么是文化""什么是认识""什么是实践""什么是主体""什么是客体"等理论问题，做出新的诠释。"文化奇点"会不会到来？人还是万物之灵吗？社会会不会出现数字鸿沟、数字霸权、数字大亨、数字贫困、数字穷人、数字穷国、数字文化病？"数字人""电子人""生化人"会不会出现？总之，人类将面临前所未有的发展机遇，也面临着前所未有的巨大挑战。今天，我们还不能对智能文化、智慧社会的发展前景、具体特征和发展规律做出具体的详细的阐述，不能对智慧社会中的人类文化做出具体的详尽的说明，但有一点是可以肯定的，那就是那时的人离马克思所说的"自由人联合体"中"完整的人""丰富的人"，大大前进了一大步，那时的人类文化离马克思说的"自由个性"的人类文化也前进了一大步，正如恩格斯说的："文化上的每一个进步都是迈向自由的一步。"

党在十九大明确提出建设"智慧社会"。智能文化作为一种新的文化形态，正在登上我国时代历史舞台，使我国文化发展进入一个新的阶段。我们党提出的建设智慧社会，揭示了时代的根本特征。当今时代，是智慧时代。智慧时代，必然造就智能文化。智慧社会的出现，智能文化的产生，不是人的主观臆想，而是经济社会特别是科学技术发展的必然结果。马克思说过："大工业把巨大的自然力和自然科学并入生产过程，必然大大提高劳动生产率，这一点是一目了然的。"科学技术是第一生产力，是生产力中最活跃的因素。人类社会各种社会形态的变更，都是由科学技术等生产要素的发展而引发的。人类社会发展迄今，大致经历了采摘狩猎社会、游牧社会、农业社会、工业社会、信息社会等，其中后三种社会形态发展是由三次技术革命引发推动的。农业革命是人类掌握了栽种、畜养技术，在人力的基础上开始依靠畜力；工业革命是发明了机器，使用机器代替人类体力和畜力的自然力量；信息革命是人类发明了以计算机和网络技术为代表的信息技术，基于对数据、信息和知识的处理和应用，开始了大幅度提升社会生产力水平。智能革命则是第四次技术革命的主要内容和根本标志，是以人工智能、大数据、云计算、物联网、区块链、脑科学等技术为支撑，以智能为核心的新科技革命和社会变革的总称。它是以往科学技术发展的延续，也是新的文化创新合乎逻辑发展的结果。它不仅将极大地推动生产力发展，而且将有力地促进社会变革，使人类社会进入智慧社会，进入智慧时代。

随着智慧时代的到来和智慧社会建设的深入，智能文化也迅速在发展。当今，智能文化不再是一种憧憬、一种愿望、一种设想，而是一种现实。它不仅在科技前沿大显身手，也在社会生活中派上了用场，无论科技研发、经济生产，还是文化生产、文化交流和文化消费的整个文化生活过程，人工智能都大显身手。在物质文化发展方面，"智能"越来越成为主角，智能研究、智能设计、智能安装、智能生产、智能管理，智能机器、智能工具、智能产品等越来越多。在制度文化发展方面，传统的话语发生了很大变化，不断出现新的话语，诸如智能协商、智能治理、智能政府、智能政务、智能权力等等。制度文化的智能话语体系，快速形成。"智能"在精神产品的生产、流通、消费方面也越来越发挥着重要作用。特别值得注意的是，"智能"正在成为文化创造的主体，这是一个颠覆性的文化成就。2017年5月，我国出版了有史以来第一部人工智能诗集《阳光失了玻璃窗》，其中的一些诗句，例如"向

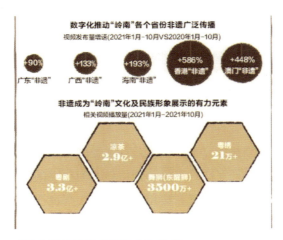

"岭南地区非遗数据报告"发布

着城市的灯守着我，咬破了冷静的思想；你的眼睛里闪动，无人知道的地方"，颇有味道。《北京日报》于2018年3月27日刊载"九歌"的五绝《静夜思》："月明清影里，露冷绿樽前。赖有佳人意，依然似故年。"当时就令很多人深虑惊诧。至于后来创作的七绝《初春》："三月初春露未消，东风吹送柳丝飘。绿杨枝上莺声急，红杏梢头蝶梦遥。"七绝《二十四桥》："二十四桥春水深，夕阳芳草绿杨阴。数声啼鸟无人语，一片飞花入客心。"都显露出相当高的艺术水准，受到诗友的广泛好评。人工智能不仅会作诗，而且向一些曾经"专属于人类工作岗位"大举进军。它们正在数据搜集、新闻报道、传道授业、文学创作、艺术创造、舞台表演等领域，大显身手。它们在环境虚拟、感知能力、存储能力、运算能力、表达能力、交互能力、创造能力等方面日益逼近人类的水平，人类将不得不同智能系统共处，向它们学习。未来通用智能系统会不会全面超过人类，取代文化人成为文化生产、创作活动的主力，这是非常值得关注和研究的问题。近年出现的元宇宙，更令人遐想万千。不过，有一点可以充分肯定，科学技术的发展，总是为人的发展，为人的彻底解放，开辟前进的道路。科学技术前进一步，总是人向着自由迈进了一步。

智能文化的生成，既是自然发展的结果，也是人为构建的产物。它像朝阳一样蓬勃兴起，在对传统的"旧文化"形态和秩序造成巨大冲击的同时，又以新的独特的方式重构世界文化格局，塑造一代新人，创造新的文化。无论我们欢迎它，还是排斥它，它总是不以人的意志为转移，向我们走来，从神话走向现实，既为我们带来机遇和福音，也带来问题和挑战。但是，无论智能文化多么神奇，它总是人创造的。人可以创造它，也可以驾驭它、利用它，问题是要以人为本，以人为中心，因势利导，使它更好地服务于人，促进人的自由全面发展。

广东是我国改革开放和建设的试验区、实现社会主义现代化的先行区，经济社会发展走在全国前列。广东地区，特别是粤港澳大湾区，现代化特征很明显，经济社会正在转型中，最有基础和条件实现突破，由工业文化向智能文化转化。广东在建设智慧社会上，起步早，成果显著，是我国智能技术最密集、应用最广泛、产业最多的地区之一。发展智能文化既有必要，又有基础和可能。当今，智能文化、智能社会在岭南已显出端倪，在不少领域已有相当成就，处于先进行列。岭南文化的发展，要把智能文化作为一个重要目标。我们热切期待，智能文化、智慧社会早日到来。

九、岭南先贤

岭南是块宝地，风光秀丽，物产丰富，人才荟萃。两千多年来，岭南出现了无数英雄豪杰。他们奋战在各条战线上，为岭南，以至全国、全世界做出重要贡献，留下宝贵历史遗产。他们的品质、精神和业绩，有力地激励后人奋发向前，为实现他们的理想和愿景，为实现美好的明天而努力。岭南先贤名人众多，我们仅就一些代表人物作些介绍。

赵佗（？—前137）：南越王，南越国创始人。真定（今河北正定）人。为秦朝平定岭南的将领，先后任南海郡龙川令和南海郡尉。秦末，乘中原动乱之机，击并桂林、象郡，于公元前206年建南越国，自立为武王。治越"甚有文理"。前196年，刘邦派陆贾出使南越，封赵佗为南越王。赵佗称臣奉贡。吕后晚朝，断绝供应南越王铜铁田器，马牛羊只准卖公的给南越。赵佗三次派人上书谢罪，吕后扣留南越使者。赵佗遂于公元前183年与汉朝断绝交往，自立为南越武帝，并发兵进攻长沙边邑，与汉朝分庭抗礼。前179年，汉文帝派陆贾入越，对赵佗进行安抚，南越国重新臣服，汉越通好如初。赵佗寿逾百岁，在位约70年，执政期间，尊重越俗，实行"和辑百越"政策，推广中原先进文化和技术，推动了岭南经济文化的发展。

杨孚（生卒年不详）：东汉时期岭南著名学者。字孝元。南海郡番禺（今属广州市）人。早年致力于攻读经史，钻研颇深。公元77年，参加朝廷"贤良对策"，获授为议郎，成为参与议政的皇帝近臣。以直言敢谏著称，屡向皇帝提出政事意见。主张以孝治天下，认为朝廷尊崇礼教应首先制定士民父母去世服丧三年的定制。汉和帝采纳其言，下诏恢复旧礼制，命令"臣民均行三年通丧"。参与政事之余，勤奋治学，写出了南海郡第一部学术著作《南裔异物志》（又称《异物志》）。该书是中国第一部地区性的物产专著，记叙了岭南陆产、水产的种类与岭南植物学、动物学和矿物学的第一手材料。清屈大均和近人冼玉清研究指出，该书的四言韵文又是开岭南诗歌创作之始的作品。它的学术价值在岭南文化史上占有重要的地位。史家公论杨孚是广东最早著书立说的学者，对此后近2000年的岭南学界影响很深。清道光六年（1826）二月，两广总督阮元曾在广州珠江南岸漱珠岗建杨议郎祠（又名"杨孚南雪祠"），岭南人士往吊者甚众。广州市海珠区新滘镇下渡头村原有其故居杨子宅，今已湮灭。该村今仍存杨孚井，传为当年杨宅花园水井。

葛洪（约284—341）：炼丹术家，医学家，道士。字稚川，自号抱朴子。丹阳句容（今属江苏）人。青年时代到广东师从南海太守鲍靓，深得倚重，娶鲍女为妻。少时以儒学知名。后从郑隐学炼丹术，"悉得其法"。笃信"神仙导养之法"，认为可以炼出使人长生不老的神丹。晚年再次入粤，隐于罗浮山，炼丹研医，著述不辍。其炼丹实践中积累了大量化学知识，熟知水银、硫黄、雄黄、雌黄、矾石、戎盐、曾青、铅丹、丹砂、云母等物质的性质、特点，并做了论述和记载，总结记述了化学反应的可逆性及置换反应等化学现象，客观上对中国化学理论的发展做出贡献。所著《抱朴子内篇》《抱朴子外篇》，均为古代炼丹术经典之作。对医学、药物学的研究，亦成就颇大。深感于以往数千卷医药经方的混杂，著《玉函方》和《肘后卒救方》（《肘后备急方》），对多种急性传染病、脏腑慢性病，外科、儿科、眼科等科疾病及六畜病的病因、病状、治疗方法等叙述简明。方中所列药物皆价平易得之物，临床价值大。书中对天花、恙虫病的治疗记述为中国最早记载。对于灸法的记述也简便实用。其著述既富，又精于析理，对后世影响甚大。葛洪在岭南生活近18载，对岭南影响甚为深远。广州和罗浮山今存其多处遗址。广州三元宫存有鲍姑井等传为其夫妇悬壶济世的遗迹。罗浮山的冲虚古观，前身即当年为纪念葛洪而建造的葛仙祠，存有丹灶、洗药池等遗址。"稚川丹灶"原为苏东坡手书，后湮灭，今存者为清代吴云岩补书。"洗药池"三字则为清代爱国诗人丘逢甲所书。

冼夫人（522—602）：南朝梁、陈至隋时岭南俚族首领。高凉郡（辖今广东茂名、恩平等地）人。冼氏幼贤明，多谋略，能行军用兵，劝亲族为善，制止掠夺旁郡，深得远近拥护。梁大同（535—546）中，罗州刺史冯融闻冼氏志行，为其子高凉太守冯宝聘以为妻。太清二年（548），建康发生侯景之乱，广州刺史、宗室萧勃觊觎皇位，令高州刺史李迁仕派兵占据大皋口（今江西吉安南），阻挠北伐。冼氏设计打败李迁仕，并率军同西江督护、高要太守陈霸先相会于赣石（位于江西赣州），支持其北伐侯景。陈永定二年（558），冯宝卒，时值陈初立，岭南大乱，冼氏怀集百越，数州晏然。遣子冯仆率诸首领至丹阳朝见陈武帝。后平定广州刺史欧阳纥的反叛，被陈册封为中郎将、石龙太夫人。隋灭陈，岭南局势混乱，被州县推选为主，尊为"圣母"，保境安民。开皇九年（589）隋文帝遣总管韦洸安抚岭南，冼氏派其孙冯魂迎接韦洸入广州，岭南遂归附隋朝。开皇十一年（591），番禺俚人王仲宣叛隋，冼夫人亲自率军讨伐。因功被隋册封为谯国夫人。后番州总管赵讷贪虐，诸俚僚多有亡叛。冼夫人于仁寿元年（601）上书言赵讷罪状，使朝廷刑之以法。又亲赴各地，宣讲文帝诏书，安抚俚僚，所至各族皆敬服。卒于隋仁寿二年（602），谥诚敬。

慧能（638—713）：唐代高僧，中国佛教禅宗六祖。一作惠能、会能。俗姓卢，祖籍范阳（今河北涿州）。生于岭南新州（今广东新兴）。三岁丧父，家境贫寒，无钱读书，以打柴、卖柴为生。因听《金刚经》有所悟，萌生求佛之念，遂辞亲北上，于龙朔元年（661）抵湖北黄梅县东山寺谒见禅宗五祖弘忍。弘忍以"汝是岭南人，又是獦獠，若为堪作佛"相问，慧能答曰："人即有南北，佛性即无南北。獦獠身与和尚不同，佛性有何差别？"弘忍见其根性极利，遂令其随从作务，劈柴踏碓八个多月。时弘忍年事高，欲传付衣钵，遂命弟子作偈以呈。弘忍大弟子神秀呈偈云："身是菩提树，心如明镜台。时时勤拂拭，莫使惹尘埃。"慧能亦呈一偈："菩提本无树，明镜亦非台。本来无一物，何处惹尘埃。"弘忍见此，密授《金刚经》，传以禅宗衣钵，并命其即刻南归。南归后，辗转流徙于岭南四会、怀集等地，隐居于猎人队伍中。仪凤元年（676），至广州法性寺（今光孝寺），听住持印宗法师讲《涅槃经》。时有风吹幡动，一僧曰风动，一僧曰幡动。他说：不是风动，不是幡动，仁者心动。印宗闻之悚然，遂请教深义，升座说法，言简理当，得印宗推崇。后在法性寺剃度，受具足戒，开传顿教佛法。今光孝寺有慧能瘗发塔。翌年，前往韶州（治今广东韶关南）曹溪住持宝林寺（今南华寺）。同年应韶州刺史韦璩之请至韶州大梵寺（今大鉴寺）设坛讲经说法，僧尼道俗云集千余之众。在曹溪弘法30余年，学徒万千，并建成以宝林寺为主刹的拥有"兰若一十三处"的寺院群。万岁通天元年（696），武则天赐水晶钵盂、磨衲、白毡等物。神龙元年（705），中宗召入京，以疾固辞。同年九月，中宗诏赐宝林寺"法泉"额，敕改宝林寺为中兴寺，并令以其新州故宅为国恩寺。延和元年（712），命门人在其故宅建报恩塔（在今国恩寺内）。开元元年（713）七月，返归故里，主持报恩塔落成。同年八月初三日，圆寂于国恩寺。十一月十三日，其门人将其肉身及衣钵迎至曹溪宝林寺。元和十年（815），宪宗谥"大鉴禅师"，塔曰"元和灵照"。宋太宗加谥"大鉴真空禅师"；天圣十年（1032），仁宗迎其真身及衣钵入大内供养，加谥"大鉴真空普觉禅师"；神宗加谥"大鉴真空普觉圆明禅师"。其一生著作为后人编撰，非其作，但也反映了其思想。《六祖坛经》基本代表了其禅学思想，为后来禅宗所宗，对于中国佛教文化影响甚大，对传统佛教教义的重大改革，是禅宗进一步中国化、平民化的重要标志。

张九龄（678—740）：唐代最杰出的岭南诗人。一名博物，字子寿。韶州曲江（今属广东韶关）人。武则天长安二年（702）进士。曾任中书侍郎、同中书门下平章事，迁中书令。后为李林甫所忌，贬为荆州长史。中国历史上第一位岭南籍宰相。开元十四年（726）奉旨到广州祭祀南海神庙。曾多次到广州，写下关于广州的诗篇。在中国诗坛上占有一定的地位。是陈子昂诗歌革新的同盟者，反对齐梁以来"彩丽竞繁"的诗风，提倡汉魏风骨，致力于开创唐代诗歌创作的新局面。对王维、孟浩然、储光羲、常建、韦应物等诗人有重大影响。对岭南诗派的形成和发展起了启迪作用，对宋代余靖、明初"南园前五子"、明代"南园后五子"、清初"岭南三大家"，乃至黎简、宋湘，均有影响。故屈大均说"粤人以诗为诗，自曲江始"。存诗200余首，以五言古风为多，五律次之。其诗长于比兴，寄托深远。写景抒情诗则富于浪漫主义色彩。散文重实用，求平易，风格自然。代表作有《请诛安禄山疏》等。《广东文征》录其文38篇。有《曲江集》（20卷）传世。

　　韩愈（768—824）：唐代文学家、思想家、古文运动倡导者。字退之，河南河阳（今河南孟州市）人。因韩氏郡望昌黎（治今辽宁锦州市义县），遂以昌黎自称。三岁而孤，由长兄韩会抚养。好读书，通六经百家之学。大历十年（775），随兄至韶州，建中二年（781）北归。贞元进士。先后受辟于汴州、徐州节度使。贞元十八年（802），任四门博士，迁监察御史。贞元十九年（803），上书言宫市之弊，忤德宗，贬为连州阳山令。关心民瘼，"有爱在民"。永贞元年（805），顺宗即位，遇赦迁江陵法曹参军。元和后，历任国子博士、中书舍人。元和十年（815），上书请征讨淮西吴元济，再次遭贬。元和十二年（817），以行军司马随裴度平淮西，升为刑部侍郎。元和十四年（819）正月，上《论佛骨表》，谏宪宗弗崇佛，被贬为潮州刺史。任中放免奴婢，复置乡校，兴文教之风，潮人甚崇敬之。后迁袁州刺史。穆宗即位，召为国子监祭酒。转兵部、吏部侍郎，京兆尹兼御史大夫。文学上反对六朝骈体，倡导古文运动，主张文道合一。散文气势雄浑，为唐宋八大家之首。诗亦自成一家。思想上反对佛老，力崇儒学，以继承尧舜周（公）孔（子）孟（子）道统自许，主张以仁义道德、正心诚意维系统治秩序。政治上反对藩镇割据，维护中央集权。卒谥文，人称韩文公。有《昌黎先生集》。

　　包拯（999—1062）：北宋官员。字希仁，庐州合肥（今属安徽）人。天圣五年（1027）进士。景祐四年（1037），任天长（今安徽天长市）知县，颇有政绩。任满后，于康定年间（1040—1041）知端州（治今肇庆）。端砚是当地名产，前任知州令当地每年交多于贡额数十倍的佳品，以赠权贵。拯命只交贡数，北归时不带一砚。庆历三年（1043），回京任监察御史里行，后改监察御史。建议练兵选将，充实边备。庆历五年（1045），奉使契丹还，历三司户部判官，京东、陕西、河北转运使，入为三司户部副使。皇祐元年（1049）上书支持解盐通商之制。二年（1050）任知谏院，数论斥权幸大臣。四年（1052），出任河北都转运使，加龙图阁直学士。徙知瀛、扬等州府，再召入朝，历权知开封府、权御史中丞、三司使。嘉祐六年（1061）为枢密副使，七年（1062）卒于位，谥孝肃。为人刚正廉洁，不畏权贵，执法无私，断讼明敏。著有《包孝肃奏议》（10卷）。

余靖（1000—1064）：北宋政治家。字安道，号武溪。韶州曲江（今广东韶关）人。天圣二年（1024）进士，授赣县尉。试书判拔萃科，知新建县。任满，迁秘书丞，校刊《史记》《汉书》《后汉书》等古籍。景祐三年（1036）任集贤院校理。时范仲淹落职知饶州，靖抗言，与尹洙、欧阳修同被贬，余靖被贬为地方监税官。由是益知名。后知英州（治今英德市），复为京官。庆历三年（1043），擢右正言，参与推行庆历新政，以敢于直谏著名，与欧阳修、王素、蔡襄并称"四谏"。时宋、辽、夏关系复杂多变，廷议纷纭。余靖多次上书分析形势，提出颇中肯的外交策略，多被采纳。出使辽国，不辱使命。还任知制诰、史馆修撰。因以契丹语入诗，被嫉者所劾，出贬吉州。旋分司南京，闲居曲江达五年。后起为卫尉卿，知虔州。皇祐四年（1052），受命知桂州、经制广南东西路贼盗，协助狄青平侬智高，留广西处置善后事宜。后加集贤院学士，徙知潭、青二州。嘉祐五年（1060），交趾进扰，出任广西体量安抚使。旋以尚书左丞知广州，兼广南东路经略安抚使、市舶使。罢市舶司擅征"蕃舶"装货之税，请立法禁止广州官吏私买进口香药。英宗即位，召为工部尚书。不久卒于入京途中。有《武溪集》（20卷）。谥襄，世称余襄公。

苏轼（1037—1101）：北宋文学家，字子瞻，号东坡居士。眉州眉山（今属四川）人。嘉祐二年（1057）进士。历任中书舍人、翰林学士、知制诰。元祐二年（1087），兼侍读。四年（1089）出知杭州。六年（1091），召为翰林学士承旨，为洛党贾易等所攻，数月复出知颍州，徙扬州。元祐七年（1092）以兵部尚书召还，改礼部尚书，兼端明殿学士、翰林侍读学士。哲宗亲政，出知定州。绍圣元年（1094），御史劾其"讥斥先朝""诽谤先帝"，贬宁远军节度副使，惠州安置。四年（1097），再贬琼州别驾，昌化军（治今海南儋州）安置。所处，入乡随俗，关心人民疾苦。在惠州介绍秧马，改进水利，教制治瘴药，捐犀带造桥；在昌化军培育后进，与黎族亲密相处，教制墨，劝诫弃巫就医。元符三年（1100）赦还，次年病卒于常州。自题画像"问汝平生功业，黄州、惠州、儋州"。其文纵横恣肆，挥洒畅达，为唐宋八大家之一。南宋赠太师，谥文忠。著有《东坡全集》等。

崔与之（1158—1239）：南宋诗人、散文家。字正子，一字正之，号菊坡。广东增城人。南宋绍熙四年（1193）进士，是岭南由太学生考中进士的第一人。历任浔州司法参军、广西提点刑狱、秘书少监、太子侍讲、成都知府、广东路经略安抚使等职。后拜参知政事、右丞相兼枢密使，不就。以观文殿大学士致仕。封南海郡开国公，谥清献。崔与之勤于政事，政绩彰著。文天祥誉称他"盛德清风，跨映一代"。诗、文、词均有成就。诗多抒发政治抱负，感情深挚，笔力老健。《广东诗粹》称其"高华壮亮，犹有唐人遗音"。其词风格豪放劲健，直追苏（轼）辛（弃疾），开创岭南"雅健"词风，被称为"粤词之祖"。《全宋词》录其词2首，其中《水调歌头·题剑阁》表现忧国爱民的感情和守边御敌的决心。治学重经世致用，从学者形成菊坡学派，被认为是岭南历史上第一个学术流派。有《崔清献公集》传世。后世多纪念之。清代广州学官街、白云山蒲涧寺、漱珠岗等建有崔公祠，越秀山麓建有菊坡精舍。今广州有崔府街，增城有崔与之墓、菊坡祠。

文天祥（1236—1283）：字宋瑞、履善，自号浮休道人、文山。江南西路吉州庐陵（今江西吉安）人，南宋末年政治家、文学家，抗元名臣，与陆秀夫、张世杰并称为"宋末三杰"。宋理宗宝祐四年（1256），二十一岁的文天祥中进士第一，成为状元。一度掌理军器监兼权直学士院，因直言斥责宦官董宋臣、讥讽权相贾似道而遭到贬斥。

数度沉浮，在三十七岁时自请致仕。咸淳十年（1274），文天祥由湖南提点刑狱调任赣州。此时，元朝发动了灭宋战争。德祐二年（1276）正月，宋廷向元军投降，文天祥被任命为右丞相兼枢密使，进元营谈判，被扣留。押解北上途中脱逃至福州。宋端宗赵昰任文天祥为枢密使同督诸路军马。文天祥在南剑州建立督府，组织军队抗元。景炎二年（1277），文天祥从福建路转到广南东路，越过大庾岭进入江西南路，六月在云都打败元军，收复兴国，又分兵收复吉州、赣州的属县，包围赣州，气势颇盛。八月间，元朝派出骑兵进攻江西，同时，出兵袭击文天祥在兴国的大营。文天祥兵败北上，退到汀州，整顿残部，又转到循州（今广东海丰一带）屯兵南岭山中。祥兴元年（1278），驻在崖山（位于今广东江门市新会区）的皇帝赵昺封文天祥为少保、信国公。十二月，元朝以张弘范为元帅，海陆并下进攻闽、广。文天祥退出潮阳，转移海丰，准备入山结营固守，行至海丰以北的五坡岭被元军追及，被俘。祥兴二年（1279）正月，元朝水军大举进攻崖山，张弘范把文天祥押在船上，船舰经过珠江口外的伶仃洋时，文天祥回顾起兵勤王四年以来抗元斗争的艰辛历程，奋笔疾书写下了《过零丁洋》："辛苦遭逢起一经，干戈寥落四周星。山河破碎风飘絮，身世浮沉雨打萍。惶恐滩头说惶恐，零丁洋里叹零丁。人生自古谁无死，留取丹心照汗青！"这首千古绝唱道出文天祥被俘后至死不屈的决心和无私无悔的情怀。二月初，元朝水军发起猛攻，南宋小朝廷灭亡。文天祥被押北上。元至元十九年十二月初九（1283年1月9日），文天祥在大都（今北京）菜市口慷慨就义。

丘濬（1421—1495）：字仲深，琼山（今属海南）人，明代中期著名的思想家、史学家、政治家、经济学家和文学家，明孝宗御赐为"理学名臣"，史学界誉为"有明一代文臣之宗"。丘濬历事景泰、天顺、成化、弘治四朝，先后出任翰林院编修、侍讲学士、翰林院学士、国子监祭酒、礼部尚书、文渊阁大学士等职，弘治七年（1494）升户部尚书兼武英殿大学士。丘濬好学，过目成诵，史称"三教百家之言，无不涉猎"。他做官后长期从事编纂工作，曾参与修《明英宗实录》《明宪宗实录》《续通鉴纲目》等书。自称"一生仕宦不出国门，六转官阶，皆司文墨，莫试莅政临民之技"。虽多年"皆司文墨"，但注意经世致用之学，"尤熟国家典故，以经济自负"。丘濬以"博极群书"著称，吴伯与《国朝内阁名臣事略》称他为"当代通儒"，举凡六经诸史、古今诗文，以至医卜老释之说，无不深究。丘濬一生研究范围涉及政治、经济、哲学、文学、医学、戏剧等方面。他提出"劳动决定商品价值"的思想比英国古典经济学家威廉·配第的"劳动价值论"要早180年。《大学衍义补》是丘濬经济治国思想集大成者之作。丘濬善为南曲，剧作《五伦全备记》当时颇有影响。其诗法度严谨，风格典雅。弘治八年，丘濬在任上去世，追赠太傅，谥号"文庄"。

陈献章（1428—1500）：明代学者、思想家、诗人、书法家。字公甫，号石斋。广东新会白沙里人，故世称"白沙先生"。24岁会试落第后，师从江西抚州理学大师吴与弼，深受吴氏"静时涵养，动时省察"的思想影响，认为宇宙只是"理"的表现，而"理"即"心"，创造了岭南心学。于修养上主张静坐之法，认为"学劳攘则无由见道，故观书博识，不如静坐"，主张"学贵于自得也。自得之然后博之以典籍，则典籍之言我之言也"，"从静坐中寻求自得"，"以自然为宗的方法"。反对以程朱的是非为是非，不敢越雷池一步的习气，主张"学贵知疑"、独立思考，提倡较为自由开放的学风。他所开创的江门学派，对转变当时一度死气沉沉的学术风气起到良好作用，对明代和清代岭南学术界、思想界产生较大影响。其论诗以自然为宗，诗作多情趣。朱彝尊《明诗综》引李东阳言云："白沙诗极有声韵，有风致"；清人何梦瑶推之为"吾粤大家"。又善书法，是著名书法家，其书法早年学欧阳询、褚遂良，后仿王羲之、王献之、苏轼等，最后自成一家，以"茅龙体"闻名书坛。今新会慈元庙、广州浴日亭等处的碑刻皆为其书宝。其著述有《白沙子全集》9卷。今人辑有《陈献章集》。今广东江门市保留有纪念他的陈白沙祠，为广东省文物保护单位。

湛若水（1466—1560）：明代思想家、教育家、书法家。字元明，广东增城县甘泉都（今广州市增城区新塘镇）人，世称"甘泉先生"。弘治进士，选庶吉士、翰林院编修。后官至南京国子监祭酒、礼部尚书、刑部尚书、兵部尚书。明制，南京官属虚职，湛若水为官十数年，一生成就主要在学术和教育。少师事"江门学派"理学大师陈献章（白沙），深得其学术精髓，而又有所创造。虽与其师在"主静"和"主敬"上有分歧，但终生对其师尊崇如一。陈献章逝世后，他不遗余力地传播白沙学说，足迹所至，辄建书院；凡有书院，即设祠祭祀其师，执弟子之礼甚恭。与王守仁（阳明）为挚友，二人共开明代中期个人讲学、自由择师、学术互往的新风气。然学术上存在分歧，各立门户。王守仁主张"致良知"之说；他则主张"随处体认天理"。其学精深，人称"甘泉学"，理学界称为"广宗""广派"，与以王守仁为代表的"浙宗"齐名。主要著述有《二礼经传测》《春秋正传》《心性图说》《圣学格物通》《甘泉新论》《甘泉文集》《白沙诗教解注》等。对教育贡献很大，所建书院遍及江苏、安徽、湖南，尤以广东为多。广东境内由他创办或讲学的书院不下十余间，包括南海西樵山的大科书院、云谷书院，广州的白沙书院、天关书院、莲洞书院。主张学生德才兼备，学习讲求循序渐进。提倡设疑问难，独立思考，互相切磋。其手订的《大科书院训规》，体现了其在教育管理、教学内容和方法上的主张。受他教育的学生多达4000人，在岭南乃至在中国的教育史上影响卓著。

黄佐（1489—1566）：明代学者、诗人。字才伯，号泰泉。广东香山荔山（今属珠海市）人。出身于岭南著名的"文献之家"，祖父黄瑜、父黄畿，皆为一代儒学大师。幼承家学，三岁读经，受理学熏陶。青年时便写出力作《广州人物传》。明正德十五年（1520）进士，授庶吉士、翰林院编修，历官江西金事、广西学政、南京国子监祭酒，累擢少詹事。在任广西学政期间，拆庙宇，兴社学，倡教育人，组织士人精研理学，使广西出现向学新风。终生从官时间不长，主要读书、讲学、著述。"通籍三十年，在朝仅数载"即指此。弃官归粤后，在广州辟粤洲草堂，又在白云山改景泰寺为泰泉书院，广招士子，潜心理学，著书立说。学宗程朱（程颐和朱熹），世称"泰泉先生"。曾与王守仁辩难"知行合一"之旨，对"陆（九渊）王（守仁）心学"多所批驳，斥为"浮谈""空疏"，是"阳儒阴释""借良知以文饰之耳"。虽崇尚程朱，但对朱熹"未有天地之先，毕竟也只是理"的论断却持异议，而主张"理气一体"，指出"气之有条不可离者谓之理，理之全体不可离者谓之道"，独树一帜。故黄宗羲在《明儒学案·诸儒学案》中为他特立"泰泉学案"，称他为博通经史的思想家。与丘濬、陈献章合称明代广东三大学者。通经籍，精乐律，工诗词，《四库全书总目》赞他为"明人之中，学问最有根底"。其诗风格雄伟奇特，壮浪恣肆，有大家之风，时人称为"粤中昌黎"，与韩愈并提。《粤东诗海》称其诗"体貌雄阔，思意深醇。旗鼓振发，群英竞从"。朱彝尊评说："岭南诗派，文裕（黄佐谥号）实为领袖，功不可泯"。明代"南园后五先生"的欧大任、梁有誉、黎民表诸诗人皆出其门下。一生著述宏富，多达260余卷，有《论学书》《论说》《东廊语录》《乐曲》《通历》《广州府志》《广东通志》《广州人物传》《广西通志》以及诗文集《泰泉集》（60卷）等。今广州白云山栖霞岭景泰寺前尚存黄泰泉墓，为广州市文物保护单位。

　　翁万达（1498—1552）：明朝中期名臣、诗人。字仁夫，号东涯，潮州府揭阳县（今属汕头市）人。翁万达出身寒门，为明世宗嘉靖五年（1526）进士。历任广西梧州府知府、陕西布政使、陕西巡抚、宣大总督、兵部尚书等职。曾参与处理安南动乱，后期统理北部边防，抗击蒙古俺答汗侵扰，统边五六年间，屡立战功。又修筑大同宣府间长城800余里、烽堠300余座，使边境得以安定。后三罢三起，嘉靖三十一年（1552）逝于回乡途中。明穆宗时追赠太子少保，谥号"襄敏"。今存《东涯集》《稽愆集》《稽愆诗》等，尚有见诸目录家著录的《总督奏议》《三镇兵守议》等。今人辑有《翁万达集》。翁万达兼备文武才略，被明世宗称为"岭南第一名臣"，张居正曾评价道："世宗朝边臣，行事适机宜繁，廑廑推公（翁万达）屈一指焉"。《明史》称："嘉靖中，边臣行事适机宜，建言中肯綮者，万达称首"。其威望远播异邦，如在泰国，他被誉为"英勇大帝"，立庙祭祀多达100余处。潮汕人将翁万达与陈北科、林大钦并称为"潮汕三杰"。

海瑞（1514—1587）：字汝贤，号刚峰，海南琼山（今海南海口市）人。海瑞一生，经历了正德、嘉靖、隆庆、万历四朝。海瑞是明代著名的清官：一是清廉爱民，一生过着节俭的生活，甘于贫困。他的政敌在他生前就曾暗访，结果发现海瑞的廉名属实。海瑞死时仍然清贫如洗，连他的政敌都于心不忍。二是严厉反贪，遏制豪强。任淳安知县时，就曾拒绝都御史过境巧取豪夺。总督之子路过淳安，恃势逞强，海瑞亦严惩不贷。三是刚直敢言。嘉靖四十五年（1566）二月一日，任户部云南司主事的海瑞进谏批评嘉靖皇帝沉迷道教玄修而触犯"龙颜"。清官海瑞虽最终官居二品，但仕途坎坷，几上几下，故而有"海瑞罢官"的故事。但老百姓却拥戴清官海瑞，当他离开淳安调赴他任时，"百姓如失父母"。离任巡抚应天十府时，"小民闻当去，号泣载道，家绘像祀之"。海瑞去世前三日，"兵部送柴薪，多耗七钱，犹扣回"。及卒于官，"百姓奔走相告，扶服悲号，若丧慈母"。史称"素丝无染"，"综铨务而议主惩贪"，"其清节为近古所罕有"。

袁崇焕（1584—1630）：明军事家。字元素，号自如。祖籍广东东莞，后落籍广西藤县。万历四十七年（1619）进士。授福建邵武知县。为人慷慨有胆略，好谈兵，以边才自许。天启二年（1622），擢兵部职方主事，单骑出关巡察辽东，还京后自请守辽。超擢宁前兵备金事，监关外军。采取守而后战之策，助孙承宗筑宁远城（今辽宁兴城），兴屯田，率军守御，成为关外重镇。遣将分据锦州、松山、吉山右屯及大小凌河，修缮城郭，将防线推进200里。后孙承宗罢，朝廷以高第代，放弃关外，并欲撤宁远，崇焕坚守不撤。天启六年（1626），努尔哈赤率兵13万进攻宁远。袁激励军民，坚守孤城，获宁远大捷，努尔哈赤受伤而死。重振士气，收复辽西大片土地。擢右佥都御史，旋授辽东巡抚，加兵部右侍郎。命督关内外，便宜行事。天启七年（1627），皇太极率兵围宁远，又大败，明军获宁锦大捷。不久受宦官魏忠贤排挤去职。崇祯元年（1628），起为兵部尚书，兼右副都御史，督师蓟辽、登莱、天津军务，镇宁远。计划"以辽人守辽土，以辽土养辽人"，五年恢复辽东。崇祯二年（1629），皇太极率军绕过袁崇焕防区，进攻北京。袁星夜驰援，率师解北京之围。崇祯皇帝中反间计，误信袁崇焕与皇太极有密约，逮其下狱。崇祯三年（1630），被凌迟冤杀。善赋诗，所作寄托忧国之情，激昂慷慨，收入《袁督师遗集》。

陈子壮（1596—1647）：明末抗清志士。字集生，号秋涛，广州府南海县沙贝乡（今属广州市白云区）人。万历四十七年（1619），科考探花，授翰林院编修。崇祯年间，累迁礼部侍郎。南明弘光政权建立，出任礼部尚书。永历元年（1647），累迁东阁大学士兼兵部尚书。联合陈邦彦、张家玉等起兵抗清，拖住清军在广东的兵力，使之不能西进，坚持作战十个月，最终为清军所破，兵败被俘，宁死不屈。永历帝追赠番禺侯，谥号"文忠"。后人把他与陈邦彦、张家玉合称为"明末岭南三忠"。著作《昭代经济言》《宦集》《云淙集》《礼部堂稿》《练要堂稿》《南宫集》等。

屈大均（1630—1696）：明末清初学者、诗人、思想家。字翁山，号莱圃。出家为僧时名今种，字一灵。广东番禺沙亭（今广州市番禺区新造镇思贤村）人。13岁能文，14岁能诗，15岁受业于陈邦彦。一生多次策划反清斗争，并出家以僧人身份为掩护到处联络抗清义士。康熙元年（1662）还俗归儒，但拒不出仕，以气节为重。后致力于广东的文献、文物、掌故的搜罗、研究、编纂工作。曾创立西园诗社，继承南园传统，总结岭南诗歌文化发展的源流，使之得以弘扬。屈大均和梁佩兰、陈恭尹合称"岭南三大家"，而以屈为三家之冠。其诗各体俱佳，以五律为最好。多写民生疾苦，纵横恣肆，笔力矫健，气韵沉雄，寄托深远，浪漫主义与现实主义相熔铸，自成一格。其散文高雅古洁，沉浸秦汉，不同凡响，是一位卓越的散文家，有"今欧阳子"之称。又能画善书，画擅山水兰竹，书法各体俱佳，与陈恭尹、彭睿壦合称"明末三大遗民书家"。一生著述甚丰，称"屈沱二十四种"。《广东新语》记述广东的天文、地理、矿藏、草木、动物、文化、民族、习俗等，被认为是一部史料价值甚高的广东地方史书。其书在乾隆朝曾遭禁毁。今其故乡思贤村宝珠岗有屈大均墓，墓亭八泉亭内置屈大均像碑。墓前有思贤亭。

陈恭尹（1631—1700）：字元孝，晚号独漉子，顺德龙山乡人。清初广东诗人，与屈大均、梁佩兰并称清初"岭南三大家"。父陈邦彦是明末清初广东抗清斗争的发起人之一，也是一位享有声誉的宿儒。自幼在父亲的指教下攻读诗书，擅长写诗作赋。清顺治四年（1647），其父于战败后被清军俘获处死，全家除陈恭尹侥幸逃走外均遇难。其后，为报家仇而参加反清斗争，往返于福建、浙江、江苏等地联系抗清义军。顺治十五年（1658），赴云贵一带欲投奔南明永历帝，未遇，遂返回增城定居。康熙元年（1662），永历帝被清廷俘获处死。陈恭尹中止了联络反清志士的活动，潜居家乡专致读书。与屈大均结交甚深，并一度与平南王尚可喜有诗词唱酬。康熙十七年（1678），因与尚可喜有旧交而被指涉嫌参与"三藩之乱"，遭捕下狱。半年后出狱，定居广州城南。此后移志于诗词歌赋的创作，与友人结成诗社相互唱和，被时人称为"岭南七子"。陈尤擅七律诗，为诗坛所推崇。提出诗歌贵在创新，求新于性情而不必求新于字句，求妙于立言而不必专斯于解脱的见解，反对盲目崇古与拟古。晚年虽多与清廷权贵唱酬，但始终不肯出仕新朝。其居所取名"独漉堂"，暗寓家仇未报，匡复之志未灭之意。隶书为清初独步广东的第一人。三十九年（1700），病逝于广州。有《独漉堂集》。

陈瑸（1656—1718）：清代清官，字文焕，号眉川。海康（今雷州市）人。康熙三十三年（1694）进士，授翰林院编修。三十九年（1700）官福建古田知县，四十一年（1702）调任台湾知县。在台廉惠，释囚归家度岁，为府将揭参，而囚皆依时还狱。福建巡抚张伯行及居家相国李光地闻其异，交章保奏，擢刑部主事，迁兵部郎中，旋简放四川学政。时适台湾"民变"，补授为台湾厦门兵备道。瑸至之日，"乱民"皆投戈帖服，台湾遂平。五十三年（1714），擢升偏沅巡抚。翌年底调任福建巡抚，兼署闽浙总督。任内兴利除弊，与民休养生息。其清廉自矢，洁己率属。及居高位，仍布服粗食。康熙帝称其为"苦行老僧""清廉中之卓绝者"。有当朝"天下清官"之誉。在福建巡抚任内奏请兴筑海康东洋海堤，并捐助廉俸五千两，使海康、遂溪两县"万顷洋田"免遭咸潮侵害。五十七年（1718），病逝于官。清廷笃念贤劳，追授礼部尚书，赐国葬，谥清端。有《陈瑸全集》。

阮元（1764—1849）：清代学者、文学家。字伯元，号芸台。江苏仪征人。乾隆五十四年（1789）进士，选庶吉士，次年散馆，取一等第一名，授翰林院编修。五十六年（1791）大考翰詹，又取得一等第一。历任少詹事、南书房行走、詹事、侍郎、经筵讲官，浙江、河南、江西巡抚，国史馆总纂。嘉庆十一年（1806）任漕运总督，二十一年（1816）任湖广总督，次年调任两广总督。莅任之初，将南海县桑园围改筑石堤，以卫农田。叠石长1600余丈，护石长2300余丈。修筑费由三名官绅捐助。鉴于广东米不敷民食，奏准允许外商米船装载货物出口，自是洋米进口连樯而至。致力文教，提倡朴学（经学）。重修《广东通志》（334卷），三年书成。创设广州学海堂，引导学生攻读经史子集百家之学。刻《皇清经解》（又称《学海堂经解》），收书183种、1408卷。广东自康雍之际惠士奇提倡经学开其端，至阮元而大振。知识广博，以经学为中心，衍及小学、音韵、史学、典章制度、金石、校勘等。道光六年（1826），调任云贵总督。官至体仁阁大学士。卒谥文达。著有《揅经室集》《十三经注疏校勘记》《经籍籑诂》《畴人传》等。

张维屏（1780—1859）：清代诗人、散文家。字子树，号南山、松心子，别号珠海老渔。广东番禺（今属广州市）人。卜居广州清水濠，有诗云："生长清濠十九年，中间贤里向西迁。今朝又卜清濠宅，重话儿时一惘然。"道光二年（1822）进士，历任知县、知府。为官清廉，颇有民望。平生酷爱诗词，早年曾与黄培芳、谭敬昭、林伯桐等七人在广州白云山云泉山馆雅集吟唱，世称"七子诗坛"。在京时曾与林则徐、黄爵滋、龚自珍、魏源等唱和，被称为"诗坛大敌"。道光十六年（1836）辞官南归，在广州花地筑听松园，诗酒自娱。曾出任广州学海堂学长。鸦片战争爆发后，写了大量反对外敌侵略、赞颂抗敌卫国的战斗诗篇，其中以《三元里》《三将军歌》最为著名，被称为鸦片战争中"最具有灿烂不朽光辉"的"英雄史诗"。《三元里》被誉为中国近代文学史的开篇之作。其诗早年风华卓绝，细腻优美；晚年骨力遒劲，朴素自然。宋湘赞其诗"一唱三叹，入人心脾"。刘彬华《玉壶山房诗话》亦云："南山诗出入汉、魏、唐、宋诸大家，取材富而酝酿深，气体则伉爽高华，意致则沉郁顿挫"。工书法，广州市郊萝峰寺有其对联："行云流水见真性，明月清风来故人"。著作有《听松庐诗钞》16卷，收诗2000多首。还有《国朝诗人征略》《史镜》《读经求义》《听松庐诗话》等。今人编有《张南山全集》。

关天培（1781—1841）：清末爱国将领。字仲因，号滋圃。江南山阳（今江苏淮安）人。行伍出身。嘉庆八年（1803）武庠生。历任把总、千总、守备、游击、参将、副将、总兵等职。道光十四年（1834）任广东水师提督，积极配合支持邓廷桢严缉鸦片走私。亲往虎门驻扎，操练水师，改建炮台，添筑大炮。道光十九年（1839），林则徐抵广州查禁鸦片，关全力支持配合，出动水师迫令英美烟贩交出鸦片，取得虎门销烟的胜利。鸦片战争爆发后，所部水师力抗英军，取得珠江口前哨战的多次胜利。1840年11月3日穿鼻洋之战，负伤不下火线，击伤英舰"海阿新"号和"窝拉疑"号。坚决反对钦差大臣、两广总督琦善对英妥协。1841年2月26日，英军进攻虎门诸炮台，虎门之战爆发。血战前，将脱落的牙齿和旧衣服装匣寄交家属，以示为国死战决心。孤军与英军搏斗，负伤数十处，最后与将士壮烈牺牲。谥忠节。著有《筹海初集》。

林则徐（1785—1850）：清代大臣、近代爱国思想家。字元抚，又字少穆、石麟，晚号竢村老人。福建侯官（今福州市）人。嘉庆进士。鸦片战争前历任翰林院编修、江南道监察御史、江苏按察使、江宁布政使、江苏巡抚、湖广总督等职。道光十八年（1838）冬任钦差大臣，到广东查禁鸦片。道光二十年（1840）一月被任命为两广总督，同年被革职。次年赴浙江协办海防，旋被充军新疆。道光二十六年（1846）被重新起用，先后任署陕甘总督、陕西巡抚、云贵总督。道光二十九年（1849）因病辞官返乡。道光三十年（1850）再度受命为钦差大臣、督理广西军务，11月在赴任途中病逝于广东普宁。年轻时即潜心经世之学，是嘉道年间经世致用思想的重要代表人物。在广州领导禁烟和抗击英国侵略期间，将目光转向域外，积极了解西方国家的情况和动态，组织翻译西人书报，购置、仿制西洋船炮，被后人誉为近代中国"开眼看世界的第一人"，对岭南近代思想的形成起了重要的推动作用。主持编译《四洲志》书稿，系统介绍当时世界上30多个国家和地区的自然与人文地理情况。该书后来成为魏源编《海国图志》的主要依据之一。爱好诗词、书法，著有《云左山房文钞》《云左山房诗钞》等。今人辑其奏稿、日记、公牍、书札、诗文等遗稿为《林则徐集》。

苏六朋（约1791—1862）：清代人物风俗画家。字枕琴，号怎道人、罗浮道人、南水村佬等。广东顺德人。早年到罗浮山读书习画，曾师从广州大佛寺德堃和尚学画。中年后定居广州，以教学和卖画为生。绘画追摹陈洪绶、黄慎和徐渭，喜用粗犷遒劲的笔意作盈丈巨幅，笔势雄劲飞动，气魄宏大。晚年出入各家，风格老成而灵活多变。善画花鸟、山水，尤擅人物。对现实生活中下层市井平民各种情状观察入微，画了大量寓意深刻、形象诙谐的讽刺画和以历史故事为题材的作品，传神生动，谐谑揶揄自成一格，富有浓厚的岭南地方色彩。人物写真基础深厚，作品人物五官骨骼符合艺术解剖，体态衣褶生动活泼，须眉纤毫毕现，神采飞动，精致妙绝，呼之欲出。用笔能工能意，工意掺和，设色淡雅，清净脱俗。又善作指头画，以指运墨着意发挥线条意味，刚中见柔，收放自如。能在扇面上作仅一二厘米的细小人物，是晚清杰出的人物画家。代表作有《市见小品册》《群盲聚斗图》《通宝图》等。《中国美术全集》收入其《东山报捷图》《曲水流觞图》《太白醉酒图》《清平调图》等。

梁廷枏（1796—1861）：清末学者，字章冉，号藤花亭主人。广东顺德人。道光十四年（1834）中副榜贡生。历任澄海县训导、广州越华书院和越秀书院监院、学海堂学长。十五年（1835）总纂《广东海防汇览》，次年书成。旋任粤海关总纂，修成《粤海关志》。十九年（1839）林则徐禁烟，梁廷枏参与筹划，不遗余力。二十一年（1841）相继受聘为两广总督祁塄、徐广缙幕僚，帮办团练。二十四年（1844）所著《海国四说》刊行，为介绍欧美各国历史和现状之作。二十九年（1849）参与广州人民反入城斗争。咸丰四年（1854）撰写《夷氛闻记》，载录鸦片战争史料。后从事教育和著述。学识广博，善诗画，精于词曲、金石。有《藤花亭诗文集》《藤花亭曲话》《南汉书》等。

朱次琦（1807—1882）：清代学者、教育家。字浩虔、子襄，号稚圭。广东南海九江乡人，世称"九江先生"，"九江学派"创始人。进士出身，当过知县。咸丰五年（1855）辞官归乡后，在九江建礼山草堂，从事讲学和著述，长达20余年，培养了大批学生。康有为、简朝亮、梁耀枢（同治十年辛未科状元）等皆出其门下。光绪八年（1882）病逝于九江。广东地方政府申报朝廷赐其五品卿衔，称其"讲明正学，身体力行，比闾族党，熏德善良"。清国史馆为之立传。康有为撰写墓表称赞他"始于为士，终为圣人"，誉其为"百世名儒"。教学上主张育人要品学兼优，做到"诚心，谨慎，克己，力行"。这种"济人经世"思想对从学者造成深远影响。康有为自称得到他的教诲，"乃如旅人之得宿，盲者之睹明"。学术上主张清除门户之见，不分汉学、宋学，归宗于孔子。重气节，主经世，反对空谈，反对埋头科举、八股，强调"经世致用"。他说："读书者何也？读书以明理，明理以处事。先以自治其身心，随而应天下国家之用。"一生著述丰富，有《朱九江先生集》（10卷）传世。书法上有很高成就。康有为称其书法"导源于平原，蹀躞于欧虞，而别出新意"。

陈澧（1810—1882）：清代学者、文学家、教育家。字兰甫、兰浦，号江南倦客，世称"东塾先生"。祖籍浙江绍兴，寄籍江苏江宁（今属南京市），生于广州城南木排头。道光年间举人。曾七次会试，均落第，遂绝科举之念，专心教育和著书立说，从事学术研究。道光二十年（1840）受聘为学海堂学长。同治六年（1867），出任菊坡精舍院长。光绪八年（1882）卒于任上。葬于广州城东大蟠龙岗。学问渊博，对天文、地理、算学、历史、音韵、书法、乐理及诗词、骈散文等，均深有研究。与朱次琦并列为清末"岭南两大名儒"。治学不为汉学、宋学的门户所限，主张以义理为依归。与门下诸生形成著名的"东塾学派"。一生著述甚丰，据考证，已刊未刊的著述共116种。其中《汉儒通义》是其著述之精品，反映其哲学、政治和历史观；《学思录》（即《东塾读书记》）是其毕生治学的精华，论述经学源流，为后世所重，传到日本定为汉学专业的必读书。《声律通考》是中国古代乐理和音乐史专著，纠正凌廷堪《燕乐考原》多处讹误。《切韵考》被梁启超称为"绝作"。《广州音说》是研究广州方言的最早专著，首次提出广州方言保存中古中原音韵最多的观点。《广东图说》在绘图学处于领先地位。《申范》以确凿论据考证《后汉书》作者范晔谋反纯属冤案，在史学界独树一帜。对其学术成就，曾国藩表示"服其精博"，科学家邹伯奇称其"绝妙之作，超越前人"。从事教育数十年，在教学上坚持不搞应科举试的时文制艺，提出以义理为依归的治学思想，主张既训诂考据，又阐明义理的治学态度，提倡以顾炎武的"行己有耻，博学于文"为校训，要求德育、智育并重。廖延相、陶福祥、汪兆镛等有成就的学者皆出其门下。诗文造诣亦高，有《陈东塾先生遗诗》和《忆江南馆词》传世。书法颇有成就，张菊英评其行书"险中求稳，别有天趣"。广州黄埔横沙陈氏大宗祠额匾、南雄雄城镇"广州会馆"题匾、广州萝岗镇玉岩书院楹联,皆为其现存的手迹。

居巢(1811—1865):清代画家,字梅生,号梅巢、今夕庵主。祖籍江苏宝应,其先世任官岭南,遂定居番禺隔山乡(今属广州市海珠区)。自小善作诗词,兼及金石,尤长于书画,具有较为全面的艺术修养。道光二十八年(1848)赴广西为按察使张敬修幕僚,担任过同知一职。咸丰六年(1856)随张敬修到广东东莞,与堂弟居廉住在张家可园,园内遍栽花草,兄弟二人对景写生,创作甚丰。同治三年(1864)返回番禺,于隔山乡故居修建十香园,作为授徒作画、潜心艺术之地。善于汲取宋、元人画作精华,极留心技法。大胆运用撞水撞粉法,即趁画面色、墨未干,以清水或粉从受光部分注入,使其与原来的色、墨自然融化,形成浓淡、明暗多种层次及天然轮廓线(在宋人小品中偶有所见)。他将这种原为前人无意所得的技法加以揣摩总结,有意地经常使用,使之得到推广,成为后来形成的岭南画派技法的一个重要特征。受清代画家宋光宝、孟觐乙两位江苏"没骨花鸟名手"影响,善画没骨花鸟画。宋、孟二人均为恽派名家,擅作写生没骨花鸟,作品意态生动、色彩明丽。恽派创始人恽格(字寿平,号南田)创造了敷色清丽、潇洒俊逸、带有写意色彩的没骨画法,居巢非常欣赏。宋、孟二人道光年间曾到广西教授花鸟画,时在广西的居巢有机会结交宋、孟。居巢远师恽格,重视写生,取法自然,笔下动植物均能栩栩如生、神气活现。作品多为工笔,用笔简洁,敷色清淡,具有疏朗淡雅、潇洒飘逸的格调。构图不落常套,时出新意。工笔中兼写意,以形写神,发展了工笔花鸟画法。传世作品有《扇面册》(广州美术馆藏)、《岁朝图》、《五福图》(广东省博物馆藏)等。著有《今夕庵题画诗》《昔邪室诗》等。

洪秀全(1814—1864):近代农民起义领袖、太平天国的创建者。广东花县官禄布村(今属广州市花都区)人。出身于农民家庭,自幼接受儒家传统教育。从15岁起曾四次到广州参加科举考试,但屡试不中,在家乡村塾里以教书为生。一次偶然的机会,获得梁发所著基督教布道书《劝世良言》，乃根据自己对该书的理解，创立拜上帝会。清道光二十七年（1847）前往广西桂平县紫荆山，与先期在那里进行传教活动的冯云山会合，被拥戴为拜上帝会领袖。1851年1月11日，率众在桂平县金田村发动反清起义，建号太平天国，称天王。1853年3月，太平军攻占江南重镇南京，定都于此（改称天京）。此后十余年间，他所领导的太平天国与清王朝武装对峙，多次击败清军的围剿，并派兵北伐和西征，势力席卷大半个中国。1856年后，由于领导集团的内讧和中外反动势力的联合进攻，太平天国的形势逐渐恶化。1864年6月，洪秀全病逝于天京。太平天国在他死后也很快被清王朝所剿灭。洪秀全富于反传统的叛逆精神和创造精神。早期为了宣传拜上帝教义和组织反清起义，先后撰写《原道救世歌》《原道醒世训》《原道觉世训》《太平天日》等作品，对西方宗教文化进行大胆的吸收和改造，积极糅合儒家的大同思想、农民的平均观念和基督教的某些教义，创设新教，并以之作为反清斗争的理论武器。建都南京之后，曾颁布《天朝田亩制度》等文件，主张通过平分土地和平均社会财富的办法，建立起"有田同耕，有饭同食，有衣同穿，有钱同使，无处不均匀，无人不饱暖"的理想社会。其思想和事迹对后来的岭南民主革命家们影响甚大，孙中山在青年时代曾以"洪秀全第二"自居。今人辑其生平文字为《洪秀全集》。家乡广州市花都区建有洪秀全纪念馆、洪秀全故居纪念馆、秀全公园、秀全中学等。

冯子材（1818—1903）：晚清抗法将领、民族英雄。字南干，号萃亭，出生于广东廉州府钦州（今属广西）沙尾村。冯子材自幼父母双亡，流落江湖，后参加反清起义，失败后接受招安。咸丰年间从向荣、张国梁镇压太平军。中法战争时，已年近七十，被起用为广西关外军务帮办，取得了镇南关大捷，攻克文渊、谅山，重创法军，歼敌千余人，法国内阁总理茹费里因此倒台。甲午战争期间奉调驻守镇江，官终贵州提督，累官至太子少保。冯子材治军四十余年，寒素如故。光绪二十九年（1903）病逝后葬于钦州，朝廷诏于钦州城东南隅建"冯勇毅公专祠"纪念,称"官保祠"。

邹伯奇（1819—1869）：科学家。幼名汝昌,字特夫、特生、一谔、征君。广东南海泌冲乡（今属佛山市南海区盐步镇）人。出身书香门第,自幼受良好教育。一生绝意仕途,对清政府的多次优诏征聘,均"坚以疾辞",而在家乡钻研科学技术。咸丰七年（1857）曾举荐为广州学海堂学长,以博大精深的学术造诣、不求名利的高风亮节,享有极高声誉。同治八年（1869）病逝于家乡。治学面广精深,尤注重测试实验,其学涉及天文、历法、测绘、图表、舆地、物理、光学、力学及实验仪器、标尺、望镜、机械等的研制,卓有建树,被誉为中国近代科学的先驱。根据哥白尼的日心地动说,制成七政仪和天体仪,成为第一个制作演示哥白尼学说天球仪的中国科学家。对中国上古天文学提出过许多新的见解,匡正了儒家经典中的错误。所著《乘方捷术》《周髀算经考证》等数学论著震惊当时数学界,吸引多位数学大师和有志于数学的高官在其周围形成一个精研算学的学术团体,使岭南成为当时的数学研究中心。所著《格术补》对光学理论阐述尤多,成为晚清几何光学的重要专著。其中对近视、远视成因和校正方法的论述,对透镜成像原理的论述,与现代的解析基本一致。他于道光二十四年（1844）制造出中国第一台照相机,并著有《摄影之器记》,成为中国摄影技术研究的先驱。对于地理学、测绘学也有重大贡献。其以经纬线绘制法绘制的《皇舆全图》,是清代著名地图。一生于治学之中尤其注重实验制作,所制天体仪、日晷、漏箭、比例规、指南尺、对数尺、自鸣钟等都机巧实用。今存于广州市文物管理处的地平式日晷和木制日夜晷,为中国日晷发展史上的代表作。对岭南科学技术的发展贡献殊大,其授业弟子如孔继藩、伊德龄、冯焕光、汤金铭、汤金铸、罗照沧等均学有所成,各有建树。

洪仁玕（1822—1864）：近代思想家、太平天国后期领导人。字益谦（一作谦益）,号吉甫。广东花县官禄布村（今属广州市花都区）人。自幼喜读经史,但屡试不第,以教村塾为生。洪秀全创立拜上帝会，他同冯云山一起成为最早的信徒。1847年曾随洪秀全赴广州，向美国传教士罗孝全学习基督教义。1851年金田起义爆发时，他因在广东清远，未能参与起义，为躲避清廷缉捕，被迫远避他乡。1852年流亡至香港，结识瑞典传教士韩山文，受洗成为基督教徒。1854年拟取道上海赴天京（今南京），因交通阻梗，未能如愿。在上海期间，结识了英国传教士麦都思、艾约瑟、杨笃信、慕维廉和美国公理会传教士裨治文等人，并在传教士所办墨海书馆里学习天文历数和帮助注释《圣经》。从上海返回香港后，受雇于伦敦布道会香港分会，担任解经者和布道师达四年之久。其间除从事教务外，业余时间学习西方科学文化知识，特别是天文、数学、世界史地、机械制造等。1858年再次北上，辗转跋涉，于1859年4月到达天京，旋即被洪秀全封为干王，总理太平天国朝政。1864年太平天国覆亡后，在江西被清军俘获杀害。抵天京后不久，就向洪秀全提出了一个名为《资政新篇》的施政纲领，主张效法西方国家，"兴车马之利"，"兴舟楫之利"，"兴银行"，"兴器皿技艺"，"兴宝藏"，"兴邮亭"，"兴各省新闻官"，"兴市镇公司"，亦即发展近代交通运输业、工矿业、金融业、邮政业和新闻业等。主张以基督教为治国之"上宝"，用以改造中国的国民精神，治国安邦，"与番人并雄"。这个具有资本主义色彩的施政纲领，虽由于主客观条件的限制而未能实行，但对晚清洋务运动和岭南思想界均产生了一定的影响。生平著作除《资政新篇》外，还有《军次实录》《英杰归真》《钦定士阶条例》《立法制宣谕》等，今人辑为《洪仁玕选集》。

丁日昌（1823—1882）：近代政治家、藏书家。字禹生（又作雨生），号持静。广东丰顺人。廪贡生出身。早年在粤东、琼州、江西等地为小吏，后入曾国藩幕府，得李鸿章的赏识，先后任上海道台、江苏巡抚、福州船政大臣、福建巡抚等官职。曾主持创办中国第一个大型近代兵工厂江南制造总局，推动中国最早的官派留美教育计划实施和中国近代海军的建立，是晚清洋务运动的中坚人物。晚年居广东揭阳，以藏书、读书自娱。其持静斋藏书10万余卷，不仅数量庞大，而且颇多宋元刻本和旧抄秘本，丁日昌被时人誉为海内四大私人藏书家之一。丁日昌较早提出并系统论述了"求洋法，习洋器"和培养新式人才的洋务主张。在吏治方面，提倡为官清廉、公正办案和沟通上下之情，主张"变通选法举法"，用人不论资格。一生留下了丰富的从政文字，主要有：《丁禹生政书》（36卷，包括《藩吴公牍》《巡沪公牍》《淮鹾摘要》《淮鹾公牍》《抚吴奏稿》《抚闽奏稿》6种）、《百兰山馆政书》（14卷）、《抚吴公牍》（50卷）。另有《百兰山馆古近体诗》和编译作品多种。其洋务思想在岭南产生了一定的影响。

陈启沅（1825—1905）：蚕桑缫丝专家，中国第一台缫丝机设计者。字芷馨，号息心老人、息心居士。广东南海县西樵简村（今属佛山市南海区）人。早年在家乡当塾师，后到南洋经商，在越南、泰国深入考察法国人缫丝厂的机器。1872年从越南回到家乡创办继昌隆机器缫丝厂。亲自研究设计缫丝机，并委托广州联泰号机器维修厂陈澹浦父子制作安装，经一年多摸索改进，中国近代第一批缫丝机诞生并投入生产。生产效率是西方同类机械的6倍，传统的手工操作更是望尘莫及。多家手工作坊因此破产，传统生产结构被打乱，一度引起混乱。南海知县徐赓陛勒令缫丝厂停产。两年后，陈启沅再设计生产效率低一些的小型缫丝机，减少同手工缫丝者的矛盾，工厂才得以复办。其后，缫丝机逐渐推广，10年间，各府县使用此机的已达2万多人。至19世纪80年代中期以后，机器缫丝业已在广东扎下根基，对中国的丝织业发展做出重大贡献。著有《广东蚕桑谱》，对发展蚕桑事业的作用、意义及具体操作方法做了全面的论述，体现了理论联系实际、实事求是、不尚虚荣的精神。该书操作性极强，对不同气候水土条件栽桑养蚕的方法，对各造（广东养蚕一年六造）的细节做了清楚详尽的说明，对发展广东蚕桑事业起到重要的作用。

居廉（1828—1904）：清代画家、美术教育家、岭南画派祖师。字士刚，号古泉，又号隔山老人、罗浮散人。广东番禺人。早年丧父，生活艰难，未有机会入学读书，被堂兄居巢收为书童，开始学画。后随居巢赴广西，游历山水，尽开大自然视野。勤于写生，特别是追摹花鸟草虫，画艺大进。后随居巢至东莞，居住于张敬修的可园。坚持每日写生，九年间写生达数十册之多。师法于居巢画风和技法，善于敷色用粉，用撞水撞粉法创作的作品神韵俱佳。与居巢齐名，并称"二居"。同治三年（1864）回番禺，与居巢筑十香园，其中的啸月琴馆为其画室兼住处。喜爱栽花叠石、养鸟养虫，作为日夕追摹的画材。居巢辞世后，继承兄志，更致力于花鸟画创作。工花卉、草虫，注重写生，日夕流连于花圃、菜园、瓜棚、豆架之下。夜间张灯诱捕飞蛾、萤火虫，以供写生之用。写生对象以花果、树石、昆虫为主，兼写鸟兽、山水、人物。作品不限于传统花鸟画的常见内容，还有前人鲜以入画的独具岭南特色的风物，如月饼、角黍、火腿、腊鸭等，均能涉笔成趣，自成风格。画风与居巢相近，线条精细，设色明丽，使没骨花鸟画沿着刻画更精细、色彩更浓郁、形象更鲜活的方向推进，形成"居派"风格。光绪初年开始设馆授徒，平生所授门生五六十人，私淑弟子近百人，学生遍及粤闽桂，卓然自成一派，在清末雄踞广东画坛数十年，形成以居派花鸟为主流的粤画新局面。清末民初，粤东创办新学，所聘图画教师几乎全是居廉的弟子。其中成就最大者有岭南画派的创始人高剑父、高奇峰及陈树人等。传世作品有屏条、立轴、斗方、册页、扇面等多种形式，尤以广东省博物馆藏《花卉草虫屏》《钟馗图》，广州美术馆藏《岁朝清供图》《草虫花卉册》《二十分春色卷》，上海博物馆藏《墨笔花卉册》为代表作。

容闳（1828—1912）：近代社会活动家、学者。字达萌，号纯甫。广东香山县南屏乡（今属珠海市）人。7岁时随父至澳门，入英国传教士郭士立夫人所办西塾读书，后又入马礼逊教会学校学习。1847年随该校校长、美国传教士塞缪尔·布朗赴美国留学。1854年毕业于耶鲁大学，是中国最早的留美大学毕业生。回国之后，曾赴南京向洪仁玕提出七条新政建议，未被采纳。后入曾国藩幕府效力，参与筹建江南制造总局，并多次向清政府提出组织汽船公司、选派青少年赴美留学、开矿产、修铁路等项建议。1871年被清政府委派为留学生副监督，常年驻美，管理留学事务。后又任清政府驻美副公使。1881年，因留美学生被清政府强令全部撤回，深受刺激，此后大部分时间侨居美国。甲午战争后曾再度回国，支持康梁变法和孙中山领导的民主革命运动。1912年4月在美去世。思想先进，尤热心于留学教育事业，是中国近代留学教育的奠基人。曾在家乡南屏倡建新式学校，影响巨大。著有英文回忆录《我在美国和中国的生活》（中译本名《西学东渐记》）等。今广东珠海市南屏有甄贤学校，其前身即是容闳创办的甄贤社学。

张之洞（1837—1909）：清末洋务派重要领袖人物、政治家、诗人。字孝达，号香涛，又号壶公、抱冰。因曾创建广雅书院、广雅书局，印行广雅书局丛书，故人称"张广雅"。直隶南皮（今河北德州市宁津县）人。同治二年（1863）进士，历任内阁学士、山西巡抚。光绪十年至十五年（1884—1889）任两广总督。在任期间，重视发展文化教育事业。光绪十二年（1886）把广东实学馆改办为广东博学馆，十三年（1887）又改办成广东水陆师学堂，聘请詹天佑为教习。十四年（1888）创办广雅书院。在广东水陆师学堂和广雅书院首倡近代体操课，推动近代体育运动在广东开展。光绪十三年，创办当时广东最大规模的官刻书局广雅书局，组织刊行广雅书局丛书，对保存历史文献典籍、繁荣广东文化起到重大作用，对广东的文化教育事业做出过重要贡献。

刘永福（1837—1917）：清末民初军事家、民族英雄。字渊亭。广东钦州（今属广西）人，幼随父母迁于广西上思。少为佣工。咸丰七年（1857）参加天地会起义。同治三年（1864）率二百余人加入吴亚忠部，以七星黑旗为队旗，称黑旗军。同治六年（1867）入越南，进据保胜，扩充队伍。同治十二年（1873）应越南国王邀请率黑旗军抗法，击毙法军头目安邺，因功被越王封为兴化保胜防御使。光绪九年（1883）再次援越抗法，在河内城西击毙法军统帅李维业，被封为三宣提督。中法战争爆发后，受清政府收编，以记名提督在中越边境抗战，曾在临洮大败法军。战后被调回国，授广东南澳镇总兵。甲午战争期间，刘永福奉命帮办台湾军务，驻台南。在光绪二十一年（1895）反割台斗争中，被推为全台抗日首领，在彰化、嘉义等地抗击日军。九月，因粮尽援绝，弃军内渡厦门。后曾署广东碣石镇总兵。辛亥革命爆发后，曾应胡汉民之请任广东民团总长，不久便辞职回籍。

张弼士（1841—1916）：爱国华侨实业家，广东大埔西河镇人。咸丰六年（1856），赴荷属巴达维亚（今印度尼西亚雅加达）谋生。从勤杂工、学徒做起，后独立经营酒类商行，并获准承包酒税、典当税和一些地区的鸦片烟税，财富日增。从19世纪60年代起，先后在印度尼西亚、马来亚等地方发展垦殖、商贸、药材、矿产、金融、航运，同时在国内投资兴办粤汉铁路、广三铁路、烟台张裕酿酒公司等企业，所产金奖白兰地酒曾获巴拿马国际博览会金质奖章。其起步之早、范围之广、规模之宏、实力之强、利润之巨、影响之大，居华商鳌首。自光绪十九年（1893）起，先后任槟榔屿领事、新加坡总领事、粤汉铁路帮办、总办、侍郎、三品京堂候补、光禄大夫、太仆寺正卿，商部考察外部商务大臣、闽粤两省农工路矿大臣、槟榔屿管学大臣、佛山铁路总办等职。民国初年，任总统府顾问、工商部高等顾问、立法会议员、全国商会联合会长、全国华侨联合会名誉会长等。热心捐助社会福利事业和教育事业。光绪二十六年（1900），发起募银百万余两为黄河决口赈灾。捐巨资为中国、新加坡、马来亚等地兴建学校多座，捐助广东各地的中学和香港大学、中山大学、岭南大学等高校，贡献巨大。

郑观应（1842—1922）：近代著名思想家、企业家。字正翔，号陶斋，别号杞忧生、罗浮偫鹤山人。广东香山县雍陌乡（今属中山市）人。早年曾应童子试，未中。乃奉父命赴上海学经商，先后入英商宝顺洋行、太古轮船公司担任买办，又自己经营贸易，投资轮船公司。后追随李鸿章办理洋务，曾任上海机器织布局总办、轮船招商局总办、上海电报局总办、开平矿务粤局总办、汉阳铁厂总办、粤汉铁路公司总办等职。晚年热心教育事业，任招商局公学住校董事。一生著述颇丰。

1873年出版第一部著作《救时揭要》。1880年出版《易言》一书。后在《易言》基础上编撰成著名的《盛世危言》，于1894年首次刊行。这三部著作，尤其是《盛世危言》，思想先进，较早、较系统地提出了维新改良和对外国资本主义侵略进行"商战"的理论与主张，对后世影响甚巨。

黄遵宪（1848—1905）：清代思想家、外交家、诗人。字公度，号人境庐主人。广东嘉应州（今梅州市）人。举人出身，光绪三年（1877）任驻日公使馆参赞。在日期间，力倡中日两国平等相待，友好相处。同时，积极进行文化交流，研究日本的历史与现状，开始编写以介绍日本典章制度为主的著作——《日本国志》。1882年调任驻美国旧金山总领事，1885年任满回国，在家乡专心致志从事编撰，于1887年完成《日本国志》一书。1889年出任驻英公使馆二等参赞。1891年调任驻新加坡总领事。1894年由两江总督张之洞奏调回国，任江宁洋务局总办。维新运动期间，在上海参加强学会，参与创办《时务报》。后出任湖南长宝盐法道，代理湖南按察使，协助巡抚陈宝箴推行新政。又延请梁启超主持时务学堂，参与创办维新报刊《湘学新报》和《湘报》。1898年被任命为出使日本大臣，因病未就。戊戌变法失败后，罢官归里，在故居人境庐书屋读书作诗、设学讲课，并创办嘉应兴学会议所，自任会长，筹设东山初级师范学堂，以发展桑梓教育为己任。1905年病故。所著《日本国志》40卷，分国统、邻交等十二志，全面介绍了日本国情，并着重研究明治维新后的改革措施，结合中国实际加以分析评论，阐发自己的维新变法思想，不仅是近代中国研究日本的重要著作，而且成为戊戌维新的启蒙读物。在诗歌理论和创作上有卓越成就，是晚清"诗界革命"的主将和岭南诗坛上的泰斗，是中国旧文学向新文学过渡时期最杰出的诗人，对中国近现代文学创作产生深远的影响，被人誉为"中国诗界之哥伦布"。梁启超誉其为"诗界革命"的旗帜。其诗题材广泛，突出反映中国近代社会的主要矛盾，表现时代的新精神、新面貌。诗歌众体皆备，形式多变，艺术成就很高。一生作诗千余首，生前亲自编定的有《人境庐诗草》（11卷）、《日本杂事诗》（2卷）。此外，还有一些集外诗，今人编有《人境庐集外诗辑》。《人境庐诗草》序言是指导清末诗界革命的一篇重要文论。

邓世昌（1849—1894）：清末爱国海军将领。字正卿。番禺龙导乡（今属广州市海珠区）人。同治六年（1867）入福州船政学堂。十三年（1874）以五品军功派任琛航号运输舰大副。光绪元年（1875）起，先后任海东云、扬威号管带。五年（1879）任北洋海军飞霆、镇南等炮舰管带。六年（1880）因镇南舰触礁被撤职。次年以副管带职随丁汝昌赴英国接收超勇、扬威两舰。八年（1882）冬，奉派至朝鲜抵御日本侵略。后升游击，任扬威号管带。十三年（1887）任营务处副将衔参将，并赴英国接收致远号巡洋舰。次年，加提督衔，授中军中营副将。1894年9月17日，中日海军主力在黄海大东沟决战。邓世昌指挥致远舰向敌猛冲，弹尽舰伤，仍下令加速撞击敌舰，途中被击沉。落水后拒绝营救，与舰上250名官兵同时殉国。谥壮节，追赐太子少保衔。

康有为（1858—1927）：清末思想家、维新运动领袖。近代岭南文化杰出代表人物之一。字广厦，号长素、更生，人称南海先生，晚年号天游化人。广东南海（今佛山市南海区）人。出身书香门第，初受业于岭南名儒朱次琦，后受西学影响，立志变法维新。1888年首次上书清帝，提出改良政治的主张。1891年在广州长兴里创设万木草堂，以"激励气节，发扬精神，广求智慧"为宗旨，广授门徒，宣传变法维新思想。1895年甲午战败后，在京发动"公车上书"，提出"迁都、练兵、变法"三项建议，掀起维新政治运动。同年中进士，授工部主事，未就。1898年6月推动光绪皇帝进行"百日维新"，参与对新政的指导。百日维新失败后，被清廷通缉，长期流亡海外，辗转于日本、加拿大、美国、英国、印度等地，仍坚持维新改良立场，思想趋于保守僵化。辛亥革命后回国，在上海任孔教会会长，提倡以孔教为国教。思想深邃，富于开拓性。一生著作甚丰，主要有《新学伪经考》《孔子改制考》《戊戌奏稿》《春秋董氏学》《礼运注》和《大同书》等，今人编有《康有为全集》《康有为政论集》《康南海先生遗著汇刊》等。其中《新学伪经考》《孔子改制考》是为维新变法提供理论根据的两部重要著作，被梁启超称为思想界之飓风和火山喷发。《大同书》批判了封建主义对人的专制压迫，精心描绘了理想大同社会的蓝图，集中体现了其民主主义启蒙思想体系。这些著作对岭南乃至整个中国的思想文化产生了巨大的影响。在教育、经学、文学、书法等方面也有很高成就，是晚清"诗界革命"的重要诗人。其散文，尤其是政论文章，气势磅礴，雄奇瑰丽，为近代散文向新文体过渡开拓了新路。其书法风格豪迈、苍劲浑朴，流露出强烈的个性。书法理论专著《广艺舟双楫》，提倡"尊碑"（尊崇南北朝的碑刻书法），对清朝皇家推崇的赵（孟頫）、董（其昌）字体和科举考试用的馆阁体加以贬抑，对近代书法艺术影响极大。

詹天佑（1861—1919）：铁路工程专家。字眷诚。原籍安徽婺源（今属江西），生于广州西关十二甫（时属南海县）。1872年作为首批官派学童之一赴美国留学。1878年进耶鲁大学土木工程系攻读铁路工程专业。1881年5月以优异成绩毕业，旋即回国。1888年进中国铁路公司任助理工程师，成为中国第一名铁路工程师。1892年参与指挥修建塘沽至天津铁路。1894年主持建成易新铁路（京汉铁路支线，由高碑店至清西陵），开中国工程师独立铁路施工的先河。1905年任京张铁路督办兼总工程师，建造京张铁路。此后，历任川汉铁路总工程师、粤汉铁路总经理（会办）、洛潼铁路顾问。1913年任交通部技监。1919年4月24日病逝于汉口，后移灵葬于北京。一生为发展中国铁道工程事业务力奋斗，贡献至伟，被誉为"中国铁路之父"。修建塘沽至天津铁路时，运用中西结合的方法，成功建造了连英国、日本、德国工程师都是束手无策的滦河铁桥，是为中国工程师主持修建的第一座近代大型铁桥，世界为之瞩目。在地形环境复杂，工程至为艰巨，英、日、俄等国工程师公然宣称能建造京张铁路的中国工程师尚未出世的情况下，力主中国自行勘测、自行设计、自行施工，运用"中距竖井法"和"螺旋环山法"的技术，高质量完成了八达岭隧道等四大隧道工程。独创"人"字形线路技术，解决了铁路爬坡难题，提前两年建成京张铁路。当时前往观瞻的欧美各国工程师皆谓此工程为"绝技"。时人称赞道："独运匠心，不经外国人分毫之力，筑成此路，为中国人吐气矣！"京张铁路至今公认为世界上著名的铁路工程。今京张铁路青龙桥车站有詹天佑铜像和纪念碑。八达岭古长城边有詹天佑纪念馆。

丘逢甲（1864—1912）：清末诗人、教育家。字仙根，号仲阏，笔名仓海君，自称"南武山人"。祖籍广东蕉岭，生于台湾苗栗县。光绪十五年（1889）进士，授工部主事。曾在台湾领导抗日保台斗争。题郑成功庙对联"由秀才封王，为天下读书人别开生面；驱异族出境，语中国有志者再鼓雄风"，充分体现其爱国情怀。后讲学于台中衡文书院、台南罗山书院、嘉义崇文书院。内渡后曾任潮州韩山书院主讲，讲学于潮阳东山书院、澄海景韩书院。后在潮州创办新式的东文学堂，在汕头办岭东同文学堂，在蕉岭办镇平初级师范传习所、县立中学堂、创兆学堂、桂岭书院等。1906年到广州，任两广学务处视学，兼任广府中学堂、商业学校、两广方言学堂的监督。后任广东教育司司长，推为广东省教育总会会长。一生从事教育20多年，办学17处，劝办学堂上百所。出其门下学生千余人，其中多爱国志士、革命骨干。强调兴办学校，开发民智，重视科学教育、外语教育、体育锻炼等，使学生德智体全面发展。主张因材施教，循序渐进，教师做到"博学"和"心明"，学生做到"独人"。在打破旧教育方面，其主张具有进步性。善诗，主张"以新诗写新政"。有诗万余首，多怀念台湾、爱国抒怀的题材。有《岭云海日楼诗钞》《仓海先生丘公逢甲诗选》《丘逢甲诗选》传世。

吴趼人（1866—1910）：清代谴责小说家，广东南海（今属佛山市）人，号沃尧，出生于北京。因居佛山镇，在佛山度过青少年时代，自称我佛山人。以此为笔名，写了大量的小说、寓言和杂文，名声大噪，成为近代"谴责小说"的巨子。代表作品：《二十年目睹之怪现状》《痛史》《九命奇冤》等。宣统二年（1910年）八月，因哮喘病发作，逝世于上海。后人将他的遗作结集，有《趼廛笔记》《趼人十三种》《我佛山人笔记》《我佛山人大滑稽谈》《我佛山人札记小说》等。

孙中山（1866—1925）：民主革命家、思想家、历史伟人。名文，幼名帝象，谱名德明，号日新，后改号逸仙，旅居日本时曾化名中山樵。广东香山县（今中山市）翠亨村人。早年随母赴檀香山，先后在当地和香港、广州学校读书。1892年在香港西医书院毕业之后，行医于澳门、广州。1894年北上天津上书李鸿章，提出挽救国家危亡的变法自强之策，后赴檀香山组织中国第一个资产阶级革命团体兴中会。次年至香港，成立兴中会总部，筹划发动广州起义，事泄而败，被迫长期流亡海外。1905年在日本建立中国同盟会，被举为总理，确定"驱除鞑虏，恢复中华，创立民国，平均地权"的政治纲领，并创办《民报》，提出"民族、民权、民生"三民主义学说，同改良派展开激烈论战。同时在国内外发展革命组织，领导发动多次反清武装起义。辛亥武昌起义成功后，南京临时政府成立，被选为中华民国临时大总统，1912年1月1日在南京宣誓就职，标志着中国历史上第一个资产阶级共和国的建立。不久迫于内外压力，"让位"于袁世凯。1913年发动反袁"二次革命"，失败后再度流亡日本。1914年在日组建中华革命党，继续进行反袁护国斗争。1917年在广州组织护法军政府，任海陆军大元帅。次年因受桂系军阀排挤，辞职赴沪。在沪完成《孙文学说》《实业计划》等理论著作，创办《星期评论》和《建设》杂志，并改组中华革命党为中国国民党。1920年返粤重组军政府，次年就任非常大总统。1922年因陈炯明叛变，被迫离穗赴沪。次年陈炯明被滇、桂军驱逐，孙中山第三次在广州建立革命政权。晚年接受共产国际和中国共产党的帮助，改组国民党，实行"联俄、联共、扶助农工"的三大政策和新三民主义的革命主张，并创办黄埔军校，积极准备北伐。1924年11月应邀北上商谈国是，提出对内召开国民会议、结束军阀统治和对外废除不平等条约两大主张。次年3月12日，因患肝癌在北京病逝。一生献身于中国的革命与解放事业，既是伟大的革命家，又是伟大的思想家。其民主革命与近代化思想以建立独立、民主和富强的新中国为根本目标，以三民主义为主干，形成一个完整的体系，其思想学说是中国旧民主主义革命时期最先进、最富革命性和理想性的政治、经济纲领，在中国近代化历史进程中具有空前的、划时代的意义，是中国旧民主主义革命的指导思想。晚年时思想又与时俱进，从旧三民主义发展为新三民主义，取得了理论和实践上的重大进展。其思想对中国的社会变革和人们的思想产生了巨大的影响，至今仍有重要的启迪意义。生平著述甚多，重要的有《建国方略》（含《孙文学说》《实业计划》《民权初步》）、《三民主义》等。今人辑有《孙中山全集》《国父全集》《孙中山选集》《孙中山文粹》等多种。

梁启超（1873—1929）：清末民初思想家、政治活动家、著名学者。字卓如、任甫，号任公，别号饮冰子、饮冰室主人。广东新会茶坑村人。早年入广州学海堂读书。1889年中举人。1891年入万木草堂，拜康有为为师，接受变法维新思想。戊戌时期在北京、上海、湖南等地大力宣传和组织维新变法，与其师齐名，世称"康梁"。戊戌政变后被清廷通缉，长期流亡海外，继续鼓吹维新立宪，介绍西学。1915年，袁世凯图谋称帝时，梁曾发表《异哉所谓国体问题者》，反对变更共和国体，进而策动蔡锷组织护国军反袁。1918年后，息影政坛，全力从事文化教育事业和学术研究，先后应聘任南开大学、清华学校教授、清华国学研究院导师，又任京师图书馆馆长、北京图书馆馆长、司法储才馆馆长等。1929年1月19日病逝于北京。才华盖世，为学博大精深，在政治思想和诸多学术领域都有非凡的成就。宣传维新思想，介绍西学，鼓吹国民性改造，被时人誉为"舆论界之骄子""天才的宣传家"。亲自创办和主持过10多家报刊，总结出丰富的新闻理论，对促进中国近代新闻事业的发展起了重大作用。最早举起"史学革命"的旗帜，用新的观点和方法来研究中国历史，是中国资产阶级新史学的开创者。创造出一种崭新的文体，使文学从陈词滥调中解放出来，开了近代白话文的先河。

积极倡导"小说界革命""诗界革命",对近代文学改革和发展做出了重要贡献。在哲学、经济学、法学、社会学、语言学、佛学等方面也都做了开拓性的工作,为世所重。又是著名图书目录学家。1916年就创建松坡图书馆,自任馆长。后选为中华图书馆协会首任董事部部长。率先提出"建设中国的图书馆学"的号召。对中国古典目录造诣极深,在目录学史和佛经目录研究方面成就尤为突出。所编《西学书目表》是中国第一部冲破四部分类旧制,按科学分类体系类分图书的目录,首创科学书目分类体系。一生著述丰富,总计在1400万字以上。其思想和学术对岭南和整个中国影响巨大,是近代岭南文化的杰出代表。

冯如(1884—1912):飞机设计制造专家,人类最早研制成功飞机的专家之一。被誉为"中国航空之父"。原名九如,号鼎三、树垣。广东恩平县莲岗堡(今属恩平市牛江镇)人。12岁到美国旧金山当童工,白天劳动,晚上学习。23岁已通晓各种机器,设计制造出抽水机、打桩机、无线电收发报机,名声大振。1903年获知美国莱特兄弟研制飞机成功后,意识到飞机的重要作用,即转而研制飞机,决心"身为之倡,成一绝艺,以归飨祖国,苟无成,毋宁死"。1909年9月21日,冯如研制的第一架飞机试飞成功,飞行距离是莱特兄弟飞机试飞距离的三倍多。美国人高度评价其航空成就。在一次飞行表演中,孙中山赞叹道:"吾国大有人矣!"1911年3月,携带自制的两架飞机返国,停放于广州东郊燕塘。同年10月,武昌起义爆发,被任命为广东革命军飞机长。1912年8月25日在燕塘成功进行飞行表演后,因用力过猛,导致飞机失控下坠,不幸牺牲。1988年8月,广州市在当年坠机处(今广州大道与禺东西路交界处)立纪念碑,标示:"冯如坠机处"。恩平市鳌峰公园建有冯如纪念馆;牛江镇建有冯如纪念中学、冯如公园、冯如纪念亭。其后人自建冯如纪念楼。北京空军航空博物馆有其设计的飞机的复制品展出。

朱执信(1885—1920):民主革命思想家。原名大符,字执信,号垫伸,笔名县解、去非、前进等。原籍浙江萧山,生于广东番禺(今广州市）。1902年就读于广州教忠学堂，组织益智社，议论中华民族的前途。1904年考取官费留日，专攻法政，不久结识孙中山。1905年加入中国同盟会，任评议部议员兼书记。次年，撰写《德意志社会革命家列传》一文，向国人介绍马克思、恩格斯的革命活动与《共产党宣言》《资本论》的部分内容，成为最早向中国传播马克思主义的先进知识分子之一。1905—1908年，在《民报》发表许多政论文章，阐发孙中山的三民主义，力主以革命求共和，反对改良主义，并参加广东的多次革命起义。1917年起，在上海协助孙中山编写《建国方略》，同时兼任《建设》杂志和《民国日报》编辑，继续进行理论探索。积极参加新文化运动，撰文称颂俄国十月革命，提倡白话文，支持打倒"孔家店"，思想激进。1919年在《新建设》杂志第1卷第2号上发表作品《超儿》，在批判封建旧道德意识的同时，在探讨人的内心世界方面做了有益的尝试，是广东最早的白话文小说。五四运动时期，更加深入阐述孙中山的三民主义，发挥了反对帝国主义侵略、提倡直接民权等内容，成为孙中山新三民主义的先声。1920年9月，赴广东虎门调停驻军与东莞民军的冲突时，被桂系军阀杀害。孙中山誉其为"革命中之圣人"。其遗著辑为《朱执信集》《朱执信文存》。诗文之外，工书法，善草书，在广东书坛有一定名声。